LES INSTITUTIONS AU DROIT DE LÉGITIME;

OU

RECUEIL DE LA JURISPRUDENCE *ACTUELLE,*

CONCERNANT LA LÉGITIME
Et Supplément d'icelle.

Par M^e. PIERRE ROUSSILHE, *Bailli du Bouchatel.*

SECONDE PARTIE.

A AVIGNON,

Chez PIERRE DELAIRE, Imprimeur-Libraire,
rue des Fourbisseurs, à la Fleur de Lis.

M. DCC. LXVIII.

Avec Permission des Supérieurs.

LES
INSTITUTIONS
AU DROIT
DE LÉGITIME.

SECONDE PARTIE.

CHAPITRE X.

Du Supplément de Légitime.

1. L E supplément est ce qui man-que au légitimaire pour avoir sa légitime en entier sur les biens de celui qui la devoit, eu égard à la valeur des biens qu'il a laissé, d'où il suit que le supplément de légitime ne peut avoir lieu qu'autant que le pa-

rent qui devoit la légitime a donné quelque chofe pour légitime, foit legs, dot ou autrement, le mot fupplément le fuppofe, puifqu’il fignifie ce qui manque, & ce qu’il faut pour égaler la jufte portion.

318. Dans l’ancien droit Romain le fupplément étoit inconnu; quand on ne léguoit pas l’entiere légitime, le teftament étoit annullé comme inofficieux, fuivant *la Loi 6. cod. de inoff. teftam.* On refléchit enfuite que cela expofoit trop le teftament, & pour y remédier, l’Empereur Juftinien établit l’action en fupplément par *la loi 30. cod. de inoff. teftam.* Voici les termes : *liceat verò his perfonis, quæ teftamentum quafi inofficiofum, vel alio modo fubvertendum queri poterant, id quod minus portione legitimâ relictum eft ad implendam eam fine ullo gravamine, vel morâ exigere.*

Ce qu’on vient d’obferver démontre que l’action en fupplément a été fubrogée à la plainte d’inofficiofité qui avoit lieu dans l’ancien droit Romain. On remarque cependant trois différences effentielles de cette action en fupplément, d’avec la plainte d’inofficiofité.

319. 1°. La plainte d’inofficiofité fe

prescrivoit par le Laps de cinq ans, la légitime comme le supplément d'icelle sont demandés parmi nous, non par la querelle d'inofficiosité, mais par action personnelle *que la loi 30. cod. de inoff. test.* a introduite : & elle dure trente ans à compter du jour du décès de celui sur les biens duquel la légitime est due, ou depuis que le légitimaire a cessé d'être nourri sur les biens de l'hérédité. *Dolive liv. 5. chap. 31. Catellan liv. 2. chap. 36. Ricard tom. 1. part. 3. sect. 5. n. 1004. Le Brun des successions liv. 2. chap. 3. sect. 12.*

320. 2°. Elle differe en ce que la plainte d'inofficiosité, comme étant injurieuse au défunt, *quasi non sanèmentis fuisset*, ne passe pas aux héritiers, si elle n'avoit été par lui préparée & intentée avant sa mort ; au lieu que l'action pour la légitime ou pour le supplément se transmet aux héritiers, quoique le légitimaire soit décédé sans avoir formé la demande. *Duranti quest. 30.* Elle passe même à ses créanciers, *Duperier liv. 2. quest. 12.*

321. 3°. Elle differe encore en ce que le légitimaire qui avoit reçu le legs à lui fait dans le testament étoit exclu par cette approbation de proposer la querelle d'inof-

ficiofité, au lieu qu'il en eft autrement de la demande en fupplément de légitime qu'on peut toujours former, comme nous le dirons infra.

322. L'art. 51. de l'ord. de 1735. eft conforme à la difpofition du droit qui porte, que fi modique que foit la difpofi-tion, elle fuffira pour empêcher le vice de la prétérition, quand même un étranger au-roit été inftitué héritier.

L'art. 52. porte que ceux à qui il aura été laiffé moins que leur légitime à titre d'inftitution, pourront former leur deman-de en fupplément ; ce qui aura lieu (eft-il ajouté) dans les pays même dans lefquels ladite demande n'a pas été admife jufqu'à préfent, ou a été prohibée en certain cas.

D'après une loi fi précife, plus de difficul-té que l'enfant dans le pays où il a été moins laiffé que fa légitime à titre d'infti-tution, quoique cela fuffife pour faire va-loir le teftament, l'on eft en droit de de-mander le fupplément de légitime.

323. Mais doit-on conclure de cette difpofition que la demande en fupplément doit avoir lieu dans toute forte de pays lorfqu'on a donné moins que la légitime,

Par exemple, dans le pays de coutume où
les filles mariées par pere & mere font exclufes de leur fucceffion pour fi moindre
que foit la chofe qui leur eft donnée, peu-
vent-elles demander un fupplément ?

On peut dire d'un côté que l'ordonnance de 1735. ayant voulu que la demande
en fupplément de légitime eût lieu à la
venir dans le pays même où cette demande
n'avoit pas été admife ou prohibée dans
certains cas ; que cela ne peut s'appliquer qu'à la difpofition des coutumes, puifque les filles dotées, ou ayant renoncé à
leurs droits par leur contrat de mariage,
étoient exclufes de rien demander ; que
l'ordonnance a voulu en ce cas leur confer-
ver la légitime en entier ; que c'eft dans
cette occafion qu'elle a entendu parler avec
d'autant plus de raifon que l'ordonnance
ajoute vouloir que cela aie lieu dans le
pays où cette demande n'avoit pas été admife ou prohibée en certains cas, ne laif-
fent aucun doute que légiflateur a prétendu qu'elle eût lieu dans toute forte de cas.
Serres inftitutions du droit François liv. 2.
tit. 18. dit que c'eft à ces coutumes qui
excluent les filles que la difpofition de
l'ordonnance doit s'appliquer, ou à celles

qui ont renoncé à leur droit par leur contrat de mariage.

D'autre côté l'on peut répondre que l'ordonnance de 1735. n'a prétendu régler que la forme des testamens pour qu'on ne pût les attaquer lorsque le pere auroit laissé moins que la légitime. Mais qu'en même tems elle a voulu conserver les droits des enfans pour que les peres ne fussent pas les maîtres de les priver de la portion que la loi leur accorde ; que l'ordonnance n'ayant parlé que dans le cas des testamens, on ne peut pas l'étendre à d'autre cas , parce que les loix doivent être plutôt limitées que étendues ; qu'il auroit fallu déroger expressément aux dispositions des coutumes , que s'il en étoit autrement il faudroit abolir la renonciation introduite pour soutenir la conservation des familles & leur splendeur : qu'ainsi on ne peut appliquer la disposition de l'ordonnance de 1735. qu'aux légitimes réglées par testament, soit qu'elle soit laissée à titre d'institution ou autrement. Il me semble que ces raisons doivent prévaloir aux autres , & que l'ordonnance n'a point dérogé aux coutumes ni aux renonciations. Cela ne concerne que certain pays qui se régissent par le droit Ecrit ; mais dans lesquels par des usages , statuts ou coutumes particulieres la demande en supplément n'avoit pas été admise ou prohibée en certain cas , quoique ce fut par testament que la légitime eut été réglée. L'ordonnance autorise alors à demander un supplément , malgré tout usage contraire.

324. Le supplément de légitime est de la même nature que la légitime, les intérêts en sont également dû comme de la légitime & du même jour sans aucune interpellation. *Cambolas liv. 2. chap. 32.*

325. L'action pour intenter la demande dure également trente ans , la prescription commence au même jour , toutes les interruptions naturelles empêchent la prescription du supplément, de même que celle de la légitime ; mais la civile n'opere pas le même effet ; comme par exemple , lorsqu'on a reçu à compte de la chose donnée pour légitime ou la demande qu'on peut avoir faite , en ce cas cela n'empêche pas la prescription du supplément , parce que ce sont deux objets distincts,& en demandant la légitime qui lui a été leguée , cette demande n'embrasse que cet objet, & ne peut empêcher la prescription du supplément.

Il en eft de même pour les payemens qu'on peut faire à compte de ce qui a été donné pour légitime.

Quoique l'enfant reçoive la fomme qui lui a été léguée pour lui tenir lieu de légitime , cela n'empêche pas qu'il ne puifle également demander le fupplément.

326. Obfervez que quand le légitimaire a reçu ce qu'on lui avoit donné pour légitime en argent, il ne peut exiger le fupplément qu'en argent , par la raifon que l'on fixe la légitime en denier : on ne peut demander du fonds qu'en répudiant le legs qu'on avoit fait ; or cela ne peut fe faire quand l'on a reçu partie du legs en argent, fuivant *Guipape queft.* 487. *Cambolas liv.* 4. *chap.* 35. *Defpeiffe & Aymar en fon explication fur l'art.* 52. *de l'ord. de* 1735.

Dans ce cas l'héritier peut néanmoins obliger le légitimaire à prendre le fupplément en fonds, nonobftant qu'il aie reçu fa légitime en argent. D'où il fuit que l'héritier eft libre en pareil cas , ou de payer le fupplément en argent ou en fonds. Voyez un arrêt du Parlement de Touloufe , rapporté *par Ferriere fur la queftion* 487. *de Guypape & Maynard dans fes notables queft. de droit liv.* 7. *chap.* 6.

Ce qu'on vient de dire eſt encore fondé ſur un ſtatut de Provence qui permet à l'héritier de payer la légitime ou ſupplément d'icelle en argent ou en héritage, à ſon choix : on trouve cet ſtatut rapporté par Mergues page 227. & ſur édit du Roi Henri II. de 1547. dont fait mention Chopin *de mor.* Paris liv. 2. tit. 5. n. 15.

327. Au reſte, du vivant de celui qui doit la légitime on ne peut faire aucun traité pour en céder l'action : l'on regarde un pareil acte comme fait contre la décence & les bonnes mœurs de vendre un droit qu'on ne peut eſpérer qu'en attendant la mort de la perſonne qui doit y donner ouverture; ce que les bonnes mœurs ne permettent pas, à quoi eſt conforme le droit Romain qui condamne comme contraire aux bonnes mœurs toutes ſortes de conventions ſur les ſucceſſions futures. Loi 19. l. fin. cod. *de pact.* & la diſpoſition de pluſieurs autres, où l'on voit que les Juriſconſultes traitent de méchant tout homme que la ſucceſſion d'un autre qui vit lui cauſe d'inquiétude, *improbum eſſe Julianus exiſtimat eum qui ſollicitus eſt de vivi ſucceſſione,* dit Ulpien, *dans la loi 2. §. 2. de vulg. & pupill. ſubſt.* ce qui eſt une exception à la regle géné-

rale qu'on peut vendre les chofes dont on efpere la future exiftence, comme fi l'on vend des denrées avant de les avoir cueillies.

328. Ce que nous venons de dire qu'on ne peut céder le fupplément ou fa portion de fucceffion a également lieu, quoique le pere aie donné tous fes biens de fon vivant, par la raifon que le fupplément ou légitime n'eft dû qu'au décès, & les motifs, qui ont fait profcrire de pareils traités qu'il faut attendre la mort, fubfiftent toujours avec d'autant plus de raifon qu'il peut arriver des cas que l'enfant peut décéder avant fon pere, ce qui rendroit l'acte nul.

Il y a néanmoins certains Auteurs qui foutiennent de pareilles conventions valables, pourvu qu'elles foient faites du confentement de celui qui doit la légitime ou fupplément. La Combe, recueil de Jurifp. voyez tranfact. n. 8. mais il avoue que ce confentement eft fujet à révocation pendant la vie de celui qui l'a donné. Je ne crois pas cette opinion bonne, & je crois qu'on doit s'en tenir feulement à des Auteurs qui foutiennent des pareils actes nuls, voyez Louet & Brodeau l. H. n. 6.

329. On demande ſi la ceſſion de tous les droits paternels faite par un légitimaire à l'héritier moyennant certaine ſomme, ſi cela exclut de la demande en ſupplement ?

Catellan liv. 2. chap. 37. prétend qu'une pareille ceſſion ne comprend pas le ſupplement de légitime, & qu'il en eſt de même que de la renonciation laquelle ne comprend pas le ſupplement, à moins que cela ne ſoit expreſſément dit, & rapporte un arrêt qui jugea que le ſupplement étoit dû, nonobſtant toute ceſſion générale des droits de légitime.

Pour décider une pareille queſtion, je crois qu'il faut diſtinguer le cas où le pere auroit fixé à une certaine ſomme la légitime de ſes enfans, je penſe qu'alors la ceſſion de tous droits paternels ne l'excluroit pas de la demande en ſupplement, en ce cas il faudroit préſumer que le légitimaire n'a fait que ſuivre le jugement du pere, & qu'il n'a pas entendu céder autre choſe que ce qui lui avoit été donné pour légitime, qui eſt d'ailleurs favorable, & c'eſt dans ce ſens que je crois qu'il faut entendre ce que Catellan & Vedel & les Auteurs par lui cités en diſent, qu'en pareil cas l'enfant peut demander un ſupplement de légitime.

330. Mais quand l'enfant a été reduit à la légitime , sans qu'on l'aît fixé , je ne vois pas qu'il y ait aucun motif pour décider que l'enfant peut demander un supplement de légitime, nonobstant la cession qu'il auroit faite de tous ses droits légitimaires. Le supplement n'est pas un bien différent de la légitime , ce n'est simplement que ce qui manque pour la remplir , lorsqu'elle a été fixée à moins qu'elle ne se monte ; mais il faut que ce soit le pere qui aie fait cette fixation ; car quand c'est l'enfant , on présume alors qu'il est entré en composition de pal trimoine, qu'il a traité sur tout , qu'ainsi il ne peut revenir contre que pour cause de lesion , comme partage mal fait , en prenant des lettres de restitution dans les dix ans. C'est ainsi que la question a été jugée au Parlement de Toulouse par arrêt du 9. Juin 1749. au rapport de M. Carbon dont nous rapporteront l'espece à la fin du chapitre suivant.

CHAPITRE XI.

Des Actes qui excluent du supple-
ment.

NOus diviferons ce chapitre en deux fections ; dans la premiere nous parlerons des renonciations & exclufions cou-
tumieres , fi elles privent du fupplement ;
dans la feconde , fi après avoir été payé
de la fomme donnée pour légitime , on eft
fondé à demander le fupplément.

SECTION I.

§. I.

Des Renonciations & Exclufions cou-
tumieres.

331. SI on confulte la difpofition du droit Romain , l'on trouve que
les renonciations aux fucceffions futures
ne font pas valables , fuivant la difpofition
de la Loi derniere ff. *de fuis & legit. hæred.*
& de la Loi 3. *cod. de collationibus.*

Nous ne fuivons pas la difpofition de
ces loix , non pas même dans le pays régi

par le droit écrit , malgré que ces loix
foient bien vénérables ; l'une étant du
jurifconfulte Papinien , le plus grand ge-
nie de fon fiecle , & un parfait honnête
homme , car il aima mieux mourir que
d'employer fon miniftere à défendre un
fratricide ; l'autre eft de l'Empereur Alexandre qui apportoit une grande précaution
dans toutes les loix qu'il faifoit ; nous
avons adopté la difpofition d'une conftitu-
tion du Pape Boniface VIII. rapportée dans
le chapitre *quamvis 2. de pact. au 6. liv. des
décretales* , qui a autorifé une femblable
convention faite avec ferment ; *quamvis
pactum patri factum à filio dum nuptii
tradebatur , ut dote contenta nullum ad
bona paterna regreffum haberet , improbet
Lex civilis, fi tamen juramento, non vi nec
dolo præftito firmatum fuerit ab eadem
omnino fervari debebit cùm non vergat in
æterna ftatutis difpendium, nec redundet in
alterius detrimentum.*

Ce n'eft pas à la confidération de l'Auteur de ce chapitre qu'on l'a adopté , puifque ce Pape étoit l'ennemi juré de la France , & déclaré tel par tous les Ordres Ré-
ligieux ; mais l'on a jugé à propos d'entre-
tenir les renonciations des filles , & il en
faut

Il faut reftreindre l'ufage aux motifs qui les ont fait introduire qui eft la confervation des familles, *ut hæreditates ad mafculos confluerent* ; cependant non feulement l'on admet la renonciation des filles au profit d'autres filles , mais l'on admet la renonciation des mâles au profit d'autres mâles , & quelquefois au profit des filles ; enforte qu'elles ont lieu en contrat de mariage dans le reffort du Parlement de Paris , tant dans le pays de droit écrit , que dans le pays de coutume , *Henris tom. 1. liv. 4. queft. 11.* pour qu'elle foit valable , il n'eft pas néceffaire que les enfans , au profit de qui la renonciation eft faite , y foient préfens , *Arrêt du 3. Avril 1635 , Henris tom. 2. liv. 4. queft. 4. Le Brun des fucceffions n. 18.*

332. Nous avons dit que les renonciations ont lieu par contrat de mariage , parce que réguliérement les renonciations à fucceffions futures ne peuvent fe faire que par contrat de mariage ; cependant il y a des Auteurs qui diftinguent entre les filles mineures & les majeures ; qu'à l'égard des mineures , elles ne peuvent renoncer qu'en contrat de mariage ; mais que les majeures peuvent le faire par toute forte d'acte. *Le*

Brun des successions liv. 3. *chap.* 8. *sect.* 1.
nom. 26. Mais Bretonnier prétend que
cette opinion n'est pas juridique, & que le
prix d'une semblable renonciation doit être
la dot qui ne peut être constituée que par
contrat de mariage.

333. L'enfant qui a ainsi renoncé peut-il
demander un supplément de légitime, en
conséquence de la disposition de l'ordonnance de 1735, art. 52. qui autorise une
pareille demande dans le pays même où
elle n'avoit pas eu lieu jusqu'alors.

Je crois qu'il faut décider que non, &
que la renonciation en exclut; car l'ordonnance n'a pas prétendu abolir l'usage
des renonciations, comme nous l'avons dit;
elle n'a d'application que quand il s'agit de
des dispositions testamentaires.

334. Suivant la Jurisprudence du Parlement de Paris, tant pour le pays de droit
écrit que pour celui de coutume, la renonciation exclut du supplément, excepté
dans les coutumes qui permettent à la
fille qui a renoncé, & dont la dot n'é-
gale pas la légitime, de demander un
supplément; telles que sont les coutumes
de Berry tit. 19. *art.* 34. *de Nivernois*
chap. 23. *art.* 24, *de Montargis chap.* 12.

art. 1. Orleans , Chartres & Montfort. Il n'est pas douteux qu'une fille peut dans ces coutumes, nonobstant sa renonciation, demander un supplément , s'il y a lieu.

335. Il y a d'autres coutumes comme celle *de Poitou , art. 220. d'Auvergne chap. 12. art. 25. de Bourbonnois art. 309. la Marche art. 220.* qui excluent la fille qui a renoncé de tout supplément de légitime ; car quand elle est mariée par pere & mere, elle est forclose. Dans les coutumes de Normandie , de Touraine , d'Anjou , du Maine , Bretagne, la moindre dot exclut de pouvoir demander autre chose , quand elles ont été mariées si petite que soit la dot.

336. Les autres coutumes n'en parlent point , cependant dans ces coutumes le Parlement de Paris refuse à la fille qui a renoncé, l'action en supplément de légitime. *Louet & Brodeau lettre R. somm. 17.*

Il en est de même dans le pays de droit écrit de son ressort , comme nous l'avons déjà dit ; car l'on juge que la fille qui a renoncé ne peut demander aucun supplément. Dumoulin sur les conseils d'Alexandre *vol. 3. conseil 29.* dit que cela a été ainsi jugé par arrêt du 7. Septembre 1531. cet arrêt est aussi rapporté par

Louet , *art. 98. dans l'art.* 181 , il en rapporte un autre de 1585 , qui a jugé la
même chose, ce même arrêt est rapporté par
Montholon , *art. 35. & par Brodeau sur
Louet lett. R. somm. 17. nomb. 5. Renonf-
son n°. 14. Bretonnier sur Henris tom. 1.
liv. 4. quest. 11. Le Prêtre cent. 1. chap.*
23. enforte qu'il suffit dans tout le ressort
du Parlement de Paris , que la fille aie renoncé pour qu'elle ne puisse demander
aucun supplément de légitime. Il n'est pas
même besoin qu'il soit dit que l'enfant a
renoncé même au supplément ; car la renonciation aux droits paternels & maternels est suffisante dans le ressort de ce Parlement pour exclure du supplément.

337. Il en est autrement dans les Parlemens de droit écrit , où l'on y juge que
la fille peut malgré sa renonciation y demander le supplément de légitime , à moins
qu'elle n'y aie expressément renoncé ; contre laquelle renonciation elle peut même
revenir par lettre pendant dix ans , à
compter du jour du décès de son pere , &
non de son mariage. On juge donc dans
ces Parlemens que la renonciation à tous
droits n'exclut ni ne comprend le supplément de légitime , qu'on peut en former

la demande pendant trente ans , fans qu'il
foit befoin d'obtenir des lettres de refcifion pour être reftitué , & qu'elles ne font
néceffaires que lorfque le légitimaire a
nommement & efpécialement renoncé au
fupplément ; c'eft la Jurifprudence du
Parlement de Touloufe atteftée par *La
Roche & Graverol fur le mot légitime ,
page* 200. *par Cambolas liv.* 2. *page* 32.
par Maynard liv. 7. *chap.* 6. *par Ferriere
fur Guipape queft.* 427. *par Catellan liv.*
2. *chap.* 36. *par Serres liv.* 2. *tit.* 18.
page 294. *par Boutaric fur l'art.* 35. *de
l'ordonnance de* 1731. *par l'Auteur du
Journal du Palais tom.* 1. *page* 299.
lequel rapporte un arrêt qui l'a ainfi jugé.

La Peyrere lett. R. nomb. 46. attefte que
la Jurifprudence du Parlement de Bourdeaux a changé , & que la fille qui a renoncé ne peut pas demander de fupplément de légitime.

338. On demande fi les petits fils peuvent demander un fupplément fur les biens
de leur aïeul lorfque le pere & la mere
précédés y ont renoncé ?

Charondas en fes reponfes liv. 5. chap.
8. cite un arrêt qui a jugé que l'enfant en
ce cas ne peut demander autre chofe.

N iij

Vedel fur Catellan l'a decidé par cette
diftinction, ou les fils viennent de leur chef
comme repréfentant le degré , ou comme
repréfentant leur mere prédécédée en qualité d'héritiers de leur mere ; au premier cas,
la renonciation de la mere ne fait point d'obftacle; au fecond, ils ne peuvent rien demander.

§. II.

De quelles claufes peut-on induire une renonciation ?

339. Certains Auteurs, comme Faber &
d'Argentré rappellés par le Brun en fon
traité des fucceffions liv. 3. chapitre 8.
fect. 1. n. 25 , difent que pour la validité
d'une renonciation il faut qu'elle foit expreffe & formelle , & qu'il foit dit que
moyennant cela l'on a renoncé.

Cependant je crois qu'on doit tenir le
contraire , & décider que quand il eft
dit que moyennant telle dot la fille a quitté
à tous droits , cela doit fuffire ; puifque ce
font des termes qui font fynonymes avec
celui de renoncé , & dénotent la même
intention dans la convention des parties ;
d'ailleurs le mot renoncé n'eft pas un terme
facramentel qu'il ne puiffe être fuppléé par

quelque autre ; celui de quitté a presque la
même signification, & doit opérer le même effet : les Auteurs qui ont dit qu'on
devoit se servir d'un tel mot porté par
la coutume ou autres, écrivoient dans un
tems de scrupule où l'on n'étoit encore
attaché qu'aux mots sans oser remontrer
jusqu'à l'intention des contractans. On
croyoit qu'il n'étoit pas permis de changer
un terme dont on avoit coutume de se servir ; mais il faut avouer qu'à présent ces
idées sont bien changées, les lumieres sont
devenues plus pures, & les maximes plus
saines ; il y a long-tems qu'on a secoué le
joug qui attachoit à un terme plutôt qu'à
un autre. Il suffit que le vœu & l'intention
des parties aient été remplis en quelque termes que ce soit, & qu'on puisse connoître l'intention & les conventions, les ex-
pressions ne décident plus de rien ; d'où il
suit que les mots, a quitté à tous droits, doivent nécessairement opérer le même effet,
que si on s'étoit servi du mot renoncé,
nonobstant que Le Brun soutienne que les
renonciations doivent être expressés, &
qu'une reconnoissance d'avoir reçu certaine somme pour tous droits présens &
à venir ne vaille renonciation ; car cela est

N iv

vrai dans les Parlemens du droit écrit suivant *Boyer décif. 3. nº. 6. Despeiffe tom.
2. page* 387. Mais au Parlement de Paris
l'on juge que la renonciation tacite ou par
équipollens, est suffisante, comme il a été
jugé par deux arrêts, le premier du 7. Juin
1585, par lequel une fille âgée de 13 ans,
à laquelle les pere & mere avoient conf-
titué une dot de 4500 liv. pour tous droits
paternels & maternels, fut déboutée des
lettres de refcifion par elle obtenues ; parce
que dans la quittance paffée un an après,
il étoit dit que moyennant le payement
de ladite fomme, elle renonçoit à tous
droits ; le fecond, a jugé que la fimple pro-
meffe ftipulée par la fille de renoncer aux
fucceffions de fes pere & mere excluoit
du fupplément.

340. La fille Noble mineure, qui a renoncé en faveur des mâles par fon contrat
de mariage, ne peut revenir à la fucceffion
future de fes pere & mere, ni être relevée
de pareille renonciation, ni demander de
fupplément de légitime, comme nous l'a-
vons déjà dit ; ce qui a lieu tant en pays de
droit écrit que coutumier, quand même
elle viendroit dans les dix ans de fa majorité, ce qui a également lieu en faveur des

li filles roturieres quoique mineures, suivant
s' l'arrêt du 22. Décembre 1574. M. le Pré-
ri sident de Thou déclara après la pronon-
t ciation, que la fille qui avoit renoncé par
x contrat de mariage, aux successions de ses
q pere & mere vivans, moyennant certaine
b somme, suivant la forme prescrite par le
c *chap. quamvis de pact.* étoit forclose per-
q pétuellement des successions, soit entre
c Noble ou roturier en pays de droit écrit
c ou coutumier, quoiqu'elle fut mineure
m lésée, & n'eut sa légitime. *Autre arrêt du*
c 7. *Juin* 1585.

§. I I I.

Des formalités des renonciations pour être valables.

341. Pour la validité d'une renonciation
il est essentiel 1°. que le mariage qui y
donne lieu, soit qu'il soit célébré dans les
formes, que la fille soit nubile & le mari
habile.

342. 2°. Qu'il soit accompli avant le
décès des pere & mere de la fille. Si tous les
deux décedent avant l'accomplissement du
mariage, la renonciation est nulle pour le
tout. Si l'un d'eux décede seulement, la renonciation sera nulle à son égard, & vala-

ble vis-à-vis des autres , ce qui a même lieu dans les coutumes d'exclusion comme Auvergne & autres ; ensorte que si le pere vient à décéder avant l'accomplissement du mariage , l'exclusion n'a pas lieu.

343. 3°. Que la dot soit certaine & réelle, & qu'elle neconsiste pas en espérance, parce que la renonciation est une espece de forfait par lequel la fille traite des droits incertains pour un objet actuel & présent.

344. 4°. Il faut que la dot soit payée du vivant des pere & mere à cause de laquelle la fille a renoncé.

Cependant l'on peut stipuler que le pere ne payera la dot , moyennant laquelle la fille renonce que dans certains termes , & elle est alors valable nonobstant que le pere décede avant le terme convenu pour le payement , pourvu qu'on ne l'aie pas reculé au-delà du cours naturel de la vie du pere.

345. 5°. La renonciation ne comprend que les successions à échoir , *propter incertum eventum* ; ainsi elle ne s'étend pas aux successions échues, parce que le droit est certain ; cependant dans l'usage la renonciation se fait tant aux successions échues qu'à échoir.

Brodeau lett. R. somm. 17. n. 13 , & le

Brun nom. 27. difent qu'il faut diftinguer
entre les filles majeures & les mineures,
& prétendent que les premieres peuvent valablement renoncer aux fucceffions échues,
& qu'à l'égard des mineurs l'on diftingue
fi la renonciation a été faite pour un feul
prix, ou pour des prix différens, & que
dans le premier cas la rénonciation eft
nulle pour le tout, & dans le fecond elle
eft nulle pour la fucceffion échue, & bonne
pour la fucceffion à échoir. Mais la Combe
en fon recueil de Jurifprudence, dit en
parlant de la fille qui a renoncé *unico pretio*, aux fucceffions échues & à échoir, que
la reftitution a lieu à l'égard des deux, Brodeau lettre. R. n. 17. Le Brun n. 18. & que
c'eft uniquement ce qui a été jugé par arrêt
du 16 Juillet 1661 ; mais que fi les prix
font diftincts, Le Brun dit que la fille exé-
cutera la renonciation des biens à échoir,
mais pourra fe faire relever de celle de la
fucceffion échue.

§. IV.

Quels biens les renonciations compren-nent-elles?

346. Pour favoir les biens que les renonciations comprennent, l'on diftingue en

ligne directe entre les renonciations coutumieres & les conventionnelles : les premieres ne comprennent que les biens qui font dans le détroit de la coutume ; par exemple , la coutume d'Auvergne qui porte que la fille mariée par pere & mere eft forclofe , cette forclufion ne peut comprendre que les biens qui font fitués dans la coutume ; car s'il y en a dans d'autres coutumes qui ne prononcent pas l'exclufion en pareil cas , les droits de l'enfant reftent entiers fur les biens de cette même coutume.

Les conventionnelles comprennent tous les biens en quelque lieu qu'ils foient.

347. On fait encore la même diftinction en ligne collaterale , & enfuite l'on diftingue le pays coutumier de celui du droit écrit.

Quant au pays coutumier l'on diftingue encore entre les coutumes qui ont de difpofitions expreffes fur cela , comme *celle de Bourbonnois art. 305. celle de la Marche art. 220. celle d'Auvergne chap. 12. art. 25. celle de Poitou art. 221.* toutes ces coutumes excluent les filles qui ont renoncé à des fucceffions collaterales ; il y a des coutumes qui excluent à l'infini , & les autres fe bornent à certain degré.

348. Quant aux coutumes qui n'ont pas de difpofition , fur cela on fait encore deux diftinctions , 1°. entre les fucceffions des collateraux des pere & mere , & celles des collateraux de la fille ; & l'on juge que la renonciation d'une fille ne comprend pas les fucceffions collaterales de fes pere & mere , comme font les freres & oncles des pere & mere.

349. Mais à l'égard des fucceffions des collateraux de la fille comme font les freres, fœurs & leurs enfans , autrefois l'on dif-tinguoit , & l'on prétendoit que la fille ne pouvoit point renoncer à la fucceffion de fes collateraux , excepté pour les propres , mais non pour les acquêt ; & la raifon qu'on en donnoit étoit que les collateraux n'étoient pas préfens ; que c'étoit une con-vention pour la fucceffion future , qui ne pouvoit être faite en l'abfence , & fans le confentement de ceux à la fucceffion def-quels on renonce fuivant la loi derniere.

Mais actuellement l'on juge que la re-nonciation des filles les exclut des fuccef-fions de leurs freres & fœurs , fans diftinc-tion d'aucun bien , lorfqu'elles y renoncent fans qu'il foit néceffaire que les freres foient préfens , ni ftipulans dans le contrat de mariage ; la ſtipulation des pere & mere eſt ſuffiſante, ſuivant les arrêts rapportés par *du Freſne liv. 6. chap. 3. Sœfre tom. 1. Cent. chap. 28. Le Brun des ſucceſſions liv. 3. chap. 8. ſect. 1. nomb. 20.*

350. Dans le pays de droit écrit l'on diſtingue encore celui qui eſt du Parlement de Paris d'avec celui qui eſt du reſſort des autres Parlemens ; quant au pays de droit écrit du reſſort du Parlement de Paris, la renonciation de la fille eſt valablement faite à la ſucceſſion de ſes freres & ſœurs pourvu qu'elle ſoit expreſſe, ſuivant l'arrêt rapporté par Henris tom. 2. liv. 4. queſt. 4.

351. A l'égard des autres Parlemens qui ſe regiſſent par le droit écrit, l'on y juge que la renonciation de la fille ne comprend pas les biens de ſes freres & ſœurs ſans leur conſentement poſitif. *Maynard liv. 4. chap. 21. Fernard de pact. ſucced. queſt. 1. Guipape queſt. 231. Chorier ſur la Juriſprudence de Guipape, la Peyrere lettre R. n. 53. 69. & 80.*

352. La renonciation d'une fille, en quelque terme qu'elle puiſſe être conçue, ne comprend pas les biens à elle acquis par le ſecond mariage de ſon pere ou de ſa mere, ſuivant Bretonnier & les Auteurs par

lui cités , questions alphabetiques , où il ajoute que dans le pays de droit écrit la renonciation d'une fille à tous droits paternels & maternels ne comprend pas sa portion dans l'augment sans une mention expresse. *Henris tom. 1. liv. 4. quest. 36. Cambolas liv. 6. chap. 17. Basset tom. 1. liv. 4. tit. 6. chap. 8. Chorier sur Guipape page 203. Argou institutes du droit françois tom. 2. page 117* , & c'est ainsi que la question fut jugée par arrêt du Parlement de Toulouse du 21. Août. 1743.

353. La renonciation de la fille , quoique faite à tous biens paternels & maternels & autres , ne comprend pas les biens des successions de leurs freres & sœurs , il faudroit que cela y fut expressément dit : elles succedent alors par la raison qu'on suit la stipulation sans lui donner d'extention , arrêt du 10. Fevrier 1653. rapporté au Journal des Audiences , ce qui a lieu même pour le pays de droit écrit , puisque les biens échus au frere décédé sont devenus fraternels , *Berang. ad novel. 118. n. 27.*

354. Lorsque c'est un oncle qui constitue la dot à sa niece , il peut la faire renoncer à sa succession collaterale ; voyez le Journal du Palais tom. 2. page 975.

355. Quand c'est le pere en seul , qui

conftitue la dot, & que la mere n'y veut pas contribuer, la renonciation que la fille feroit à la fucceffion de la mere feroit nulle. Coquille fur la coutume de Nivernois chap. 23. art. 24. fur ce mot, ou l'un deux. Le Brun n. 34. cela ne peut avoir lieu dans les coutumes qui excluent les filles quand elles ont été mariées par pere & mere.

356. Lorfque les pere & mere ne font pas communs en biens, & qu'ils ont doté féparement leur fille, & qu'en conféquence elle renonce, l'inexécution de la part de l'un ne détruit pas l'effet de la renonciation à l'égard de l'autre. *Le Brun n. 35.*

357. La fille qui a renoncé à la fucceffion future ne revient pas aux réferves de l'édit des fecondes noces que dans le cas où l'on peut revenir à la fucceffion ; quand tous ont renoncé, ils profitent tous du retranchement de l'un à l'autre chef de l'édit, & s'il y en a que partie, ceux qui font héritiers en profitent *loco citato. Le Brun. n. 57.*

§. V.

A quelles perfonnes doivent profiter les Renonciations des filles, faites du vivant de leurs pere & mere.

358. La renonciation des filles eft ordinairement au profit des mâles, puifque

le motif qui les a fait introduire, est de conserver la splendeur des familles ; ainsi une renonciation d'une fille faite du vivant de ses pere & mere profite en faveur de tous les mâles ; ensorte que si la fille a alors des freres germains, qu'il ne soit pas dit en faveur de qui elle a renoncé, une pareille renonciation ne profite qu'en faveur des freres germains, & non aux enfans du survivant remarié, *Alex. lib. 7. consf.* 149. *Boer. dec.* 184. *n. 4. Le Brun. n.* 63, *& 64*, ce qui a lieu quand même la renonciation seroit faite au profit des pere & mere ; par exemple, Jean & Elizabeth sont mariés, ils ont deux garçons & une fille, ils stipulent dans le contrat de mariage de leur fille une renonciation à leur profit, Elizabeth meurt ensuite, Jean passe a des secondes noces, & a des garçons. La renonciation de la fille du premier lit ne profitera point aux mâles du second. *Le Brun n.* 65. *Coq. quest.* 128.

359. Mais il en est autrement lorsque la fille a renoncé depuis la mort de sa mere, & le second mariage de son pere, & surtout s'il y avoit alors des mâles de ce second mariage à cause de la faveur du nom & de la circonstance du tems de la renonciation,

ce qui a même lieu quand la mere s'eſt remariée , & qu'il s'agit de l'intérêt du frere uterin , *Le Brun n.* 66.

Le même Le Brun n. 67. dit que ſi la fille du premier lit , qui n'a point de freres que du ſecond mariage de ſon pere , renonce en faveur de ſes freres ou de ſon frere aîné , ſa renonciation profitera à tous ſes freres.

360. Lorſque la fille du ſecond lit , qui a renoncé à la ſucceſſion de ſes pere & mere au profit de ſes freres , & que ce ſoit le pere qui ſe fut remarié , il n'y a que les enfans du ſecond lit qui profitent de la renonciation. *Le Brun n.* 68.

361. Ce que nous venons de dire ne doit s'appliquer qu'aux renonciations faites en faveur des pere & mere ou des freres ; car ſi elle eſt faite en faveur d'un des freres , en ce cas il n'y aura que celui au profit de qui la renonciation eſt faite qui en profite ; ainſi il prend les biens que la fille auroit eu dans la ſucceſſion de ſon pere ſans ſa renonciation.

362. Mais cela ne doit s'entendre que lorſque la fille qui a renoncé , a ſurvécu à ſon pere, ou a laiſſé des enfans ; car ſi elle étoit décédée avant le pere ſans enfans , alors elle

n'auroit pas pu fuccéder , & par conféquent rien tranfmettre à celui en faveur de qui elle auroit renoncé ; c'eft ainfi qu'il me femble qu'on doit entendre ce qu'en dit La Combe *verbo ren. fect.* 1. *n.* 30.

263. Quand la fille a renoncé en faveur de fon frere aîné , & que ce frere vient à décéder fans enfans avant fes pere & mere , la fille rentre dans fes droits , & le fecond frere n'entre pas à la place du premier , quand même l'aîné n'auroit été défigné que par la qualité d'aîné. Le Brun n. 42. Tiraq. du droit d'aîneffe , queft. 3. n. 6.

364. Nous venons de dire que quand la renonciation eft faite en faveur d'un des enfans , elle ne profite pas aux autres. Cependant il a été jugé par arrêt du 21. Juin 1745, rendu pour la coutume d'Auvergne, qu'une fille ayant par fon contrat de mariage renoncé à toutes fucceffions futures , directes & collaterales en faveur de l'aîné feulement, cette renonciation profite à tous indiftinctement. *Voyez les art.* 31. *&* 32. *du tit.* 12. *de cette coutume & la note de Dumoulin fur l'art.* 31.

365. Au furplus la portion dont la fille peut être privée dans fa légitime à caufe de fa renonciation ne fait pas un accroiffe-

ment aux autres légitimaires ; car en fait de légitime l'accroissement n'a jamais lieu , ce n'est que ceux en faveur desquels la renonciation est faite qui en profitent. *Voyez l'art. 31. du chap. 12. de la coutume d'Auvergne , celle de Normandie art. 257 , celle de Bourbonnois art. 310.*

§. VI.

Jusqu'à quel degré s'étendent les Renonciations des filles ?

366. Dans le pays de droit écrit pendant la vie de la mere qui a renoncé , ses enfans ne peuvent succéder à leur aïeul ou aïeule ; mais lorsqu'elle précede, ils peuvent y venir , pourvu qu'il n'y ait pas des enfans du premier degré vivans. *Despeisses tom. 2. pag. 400.*

367. Il arrive quelquefois qu'on met dans le contrat de mariage , où l'on stipule la renonciation sauf future succession, en ce cas , l'on juge que la fille peut succéder à son pere décédé *ab intestat* concurremment avec ses freres & sœurs. *Voyez Catellan liv. 2. chapitre 21. & Vedel en ses observations.*

368. Vedel agite la question, si la fille qui

a renoncé fans oppofer la claufe fauf future fucceffion , eft privée par-là de la fucceffion *ab inteftat* de fon pere qui n'a laiffé que des fiens freres & fœurs , & il tient que la fille eft préférable aux freres & fœurs du pere décédé *ab inteftat* , par une préfomption de volonté du pere , qui n'eft pas cenfé avoir exigé la renonciation de la part de la fille pour appeller à fon hérédité des collateraux que la loi repute étrangers au préjudice de fes propres defcendans , & que cette préfomption eft fondée fur la loi *cum acutiffimi. cod. de fideic.*

369. Dans le pays de coutume on diftingue entre la ligne directe & la collaterale ; en directe les enfans de la renonçante font exclus des fucceffions de leurs aïeuls & bifaïeuls , foit qu'ils viennent de leur chef ou par repréfentation , ou qu'ils offrent de rapporter ce que leur mere a reçu ; & la raifon en eft que la fille qui a renoncé moyennant certain prix , eft cenfée avoir contracté & renoncé pour tous fes enfans , quoiqu'elle n'en ait fait aucune mention ; & s'il en étoit autrement , ce feroit rendre les renonciations illufoires de permettre aux enfans en rendant le prix de venir à la fucceffion ; il faut remarquer que la ré-

nonciation & succession future n'est pas une simple abdication, mais une véritable composition pour la fille & les siens.

Cette question a fait autrefois beaucoup de difficulté ; mais à présent la Jurisprudence est certaine, & conforme à ce que nous venons d'observer ; *Louet & Brodeau lettre R. somm.* 17. *Le Brun liv.* 3. *chap.* 8. *sect.* 1. *n.* 62.

370. A l'égard de la ligne collaterale, il y a des coutumes comme Poitou art. 221. Auvergne chap. 12. art. 25. qui disent que la fille est perpétuellement excluse tandis qu'il y a des descendans, soit mâles ou femelles des pere & mere.

Quant aux coutumes qui n'ont pas de disposition sur cela, la question dépend des termes de la stipulation ; lorsqu'elle est indefinie, c'est-à-dire si la renonciation est faite à toutes successions directes & collaterales, la fille & ses descendans sont perpétuellement exclus, tandis qu'il y a des descendans des pere & mere ; voyez Le Brun des successions au lieu ci-dessus cité.

371. Au surplus l'on demande, si un pere qui auroit fait une donation de la moitié de ses biens à un de ses enfans, & institué héritier en l'autre moitié, à la

charge des dettes ou partie , & que cet enfant répudie à la donation & à l'institution ; si le pere en dispose en faveur
de quelqu'autre , cet enfant sera-t-il en
droit de demander de légitime & de supplément ?

Il y en a qui ont soutenu que l'enfant
ayant toute l'hérédité par les dispositions
qu'on avoit faites en sa faveur ; & qu'en
abandonnant la donation , il étoit censé
s'être départi de ses droits légitimaires
& supplément qu'il a dans ces mêmes
biens.

Je ne saurois adopter ce sentiment ,
avant le décès de celui qui doit la légitime,
l'enfant n'a point de droit acquis : ce n'est
qu'à la mort que le droit s'ouvre. Or , renoncer ne signifie autre chose que se dépouiller, rejetter ; il faut donc être vêtu avant de
pouvoir se dépouiller ; comme il faut jouir
& posséder pour pouvoir répudier , on ne
peut pas au cas que nous proposons avoir
répudié une légitime ou succession qui
n'étoit pas ouverte , en répudiant ce qu'on
avoit eu par la disposition de l'homme , on
n'est jamais censé avoir abandonné ce qui
doit nous appartenir par la disposition de
la loi ; d'ailleurs les renonciations sont de

droit étroit , & elles ne s'étendent jamais
d'un cas à un autre , & ne comprennent
que ce qui y eſt énoncé.

Je vais encore plus loin , & dis que
quand même la répudiation de la donation
auroit été faite après le décès , cela n'em-
pêcheroit pas celui qui auroit ainſi répudié , de demander ſa portion de ſucceſſion ou légitime , au cas qu'il y eut d'autres diſpoſitions , & de ſe pourvoir même
par retranchement ſur les donations anté-
rieures.

OBSERVATIONS.

372. Nous venons d'établir que la fille
qui a renoncé moyennant une dot, ne
peut ni demander de ſupplément , ni ſuc-
céder à ſes pere & mere ; & qu'il en eſt de
même dans les coutumes d'excluſion ; mais
comme dans l'un & l'autre cas la fille
peut être rappellée, qu'alors elle rentre dans
tous ſes droits. Nous parlerons dans un
premier article , du rapel en cas de renonciation expreſſe ; & dans un ſecond , du
rappel en cas d'excluſion coutumiere.

ARTICLE

ARTICLE I.

Du Rappel en cas de Renonciation expreſſe.

373. ON entend par rappel une diſpoſition de derniere volonté ,
par laquelle un homme rappelle à ſa ſucceſſion une perſonne qui n'auroit pas
droit d'y venir ſans ce rappel ; & rien de
plus favorable que le rappel , puiſque c'eſt
un retour au droit commun , même au
droit naturel qui égale tous les enfans.
D'où il ſuit que les pere & mere , qui ont
ſtipulé la renonciation , peuvent rappeller
leurs fils à leur ſucceſſion ; car une fille
pour avoir renoncé ne s'eſt pas rendue in-
digne de l'affection de ſes pere & mere :
elle leur doit être auſſi chere & auſſi à
cœur que leurs autres enfans ; ce n'eſt pas
un mépris que la fille aie fait à ſes pere &
mere , en renonçant à leurs biens moyennant une dot ; c'eſt au contraire une ſou-
miſſion à leur volonté , parce que ce ſont
les pere & mere qui l'exigent , & lorſque la
fille le fait , ce n'eſt qu'une pure complai-
ſance pour ſes pere & mere , exigée non
pour procurer le profit de la fille , mais

O

pour la priver de plus grands biens, sans cela on n'en exigeroit jamais, ce n'est que la crainte qu'il en reviendra plus qui fait exiger la renonciation. De-là on a jugé que le rappel étoit très-favorable; de sorte qu'on peut le faire par toute sorte d'acte entre-vifs ou à cause de mort ; c'est-à-dire, par une simple déclaration devant Notaire ou par disposition de derniere volonté.

374. Observez que le même contrat ne peut pas contenir une renonciation expresse & un rappel ; si le contrat contient la renonciation, il faut que le rappel soit postérieur, même dans les coutumes qui veulent que le rappel de la fille soit fait par le premier contrat de mariage.

375. La femme qui rappelle sa fille, n'a pas besoin d'autorisation de son mari, quoique ce soit par acte la fille présente & acceptante, par la raison que cela concerne la future succession. *Le Brun n. 2.*

Mais il en est autrement dans les coutumes où la femme a besoin d'être autorisée pour tester, comme en Bourgogne, Niver-nois & Normandie.

376. Pour la validité du rappel le consentement des freres n'est pas non plus nécessaire, quoique la fille aie renoncé au

profit de ses freres, & que les freres aient aussi accepté la renonciation, quand même elle seroit faite avec clause de cession & transport. *Le Brun liv. 3. chap. 8. sect. 1. n. 50.*

377. Le rappel à la succession directe emporte rappel aux collaterales, suivant le même Le Brun n. 51. on peut d'ailleurs le faire pour certain genre de bien ou pour certaine somme. *Le Brun n. 55.*

Le même Le Brun, n°. 50. dit que les freres, en faveur de qui la renonciation a été faite, ne peuvent rappeller leur sœur à la succession de leur pere de son vivant sans le consentement du pere; mais ils peuvent la rappeller à leur propre succession sans la participation du pere.

378. Le rappel peut se faire, avons-nous dit, par toute sorte d'acte; on peut donc être valablement rappellé par testament, quoique l'enfant qu'on rappelle ne soit pas présent, par une déclaration devant Notaire même sous signature privée, excepté qu'elle n'a de date que du jour du décès : mais quand elle est faite hors contrat de mariage, elle est toujours révocable.

Quoique le pere qui a marié sa fille ne puisse disposer au préjudice de l'institution

qu'il a promife , fuivant les coutumes d'Anjou art. 245. néanmoins le rappel qu'il fait
de fa fille pour avoir part à fa fucceffion eft
valable , & a un effet retroactif.

379. Au moyen du rappel une fille eft
admife à la fucceffion de fes pere & mere ,
de même que fi elle n'avoit pas renoncé ;
mais il faut que le rappel foit précis & for-
mel ; car un legs fait à une fille par fon
pere , n'eft pas un rappel suffifant pour
donner droit de venir à partage avec les
freres & fœurs.

Or fi la fille rappellée après avoir renoncé peut demander partage de la fucceffion
par la méme raifon elle eft en droit de demander un fupplément , quand ce qu'on
lui a donné pour dot ne fuffit pas.

380. Au furplus en pays de droit écrit
les pere & mere peuvent difpofer valablement , foit à titre particulier , foit à titre
univerfel , au profit de leur fille qui ont
renoncé comme au profit des autres enfans
fuivant *Bretonnier fur Henris tom. 2. li*
4. *queft. 7.*

Remarquez au furplus que dans le pays
de droit écrit la fille , quoiqu'exclufe , doit
être inftituée héritiere par fes pere & mere
à peine de nullité.

ARTICLE II.

Du Rappel dans le cas de l'exclusion coutumiere des filles dotées.

381. ON ne permet le rappel qu'à ceux qui sont obligé de doter leur fille comme pere & mere, aïeul & aïeule.

Cependant la coutume d'Auvergne, chap. 12. art. 28. permet au frere de rappeller sa sœur qu'il a dotée ; & il en est de même dans les autres coutumes qui ont des dispositions conformes , par la raison que l'exclusion est principalement fondée sur la présomption de la volonté du pere qui a doté sa fille , de l'affection duquel la loi présume qu'il a suffisamment pourvu à sa fille en la dotant , & en la mariant ; c'est pourquoi le pere s'expliquant contre cette exclusion , la loi autorise sa volonté , & le rappel qu'il fait de sa fille à sa succession , d'autant que la volonté expresse du pere prévaut sur cette présomption , & la fait cesser.

382. Nous avons dit qu'il étoit nécessaire que le rappel fut fait par le pere , ou

par la mere , & à leur défaut par l'aïeul ou l'aïeule , & la raison en est qu'il n'y a qu'eux qui soient tenus de doter , & qui excluent la fille sur la présomption d'affection.

383. Lorsque les pere & mere ont doté une fille, & que le rappel est ensuite fait ou par le pere ou par la mere , en ce cas il n'a lieu que pour la succession de celui qui fait le rappel ; par exemple, si c'est le pere seul , en ce cas la fille ne succédera que pour ce qui concerne les biens du pere , & non ce qui regarde la mere.

384. Il y a des coutumes , comme celle d'Auvergne que lorsque que la fille est rappellée elle n'est pas excluse de la succession des biens de ses freres dans ce qui leur advient du chef de celui qui les rappelle , mais l'exclusion a lieu pour les biens de celui qui n'a pas rappellé. *Le Brun n. 4.*

385. Suivant la coutume du Bourbonnois art. 311. il faut que la reserve , ou le rappel de la fille dotée, soit fait par le contrat de son premier mariage , faute de quoi la fille ne laisse pas d'être capable de legs par testament , mais non par un simple acte ; parce qu'en ce cas le rappel ne vaut que *per modum legari* , *Henris tom. 2. liv. 4. quest. 7. Le Brun n. 5.*

SECTION II.

Si la Reception de la légitime prive de la demande en supplément.

Pour refoudre cette queftion , il faut faire deux diftinctions ; 1°. le cas où la légitime a été fixée par le parent ; 2°. quand il n'y a jamais eu de fixation.

DISTINCTION I.

Cas où la légitime a été fixée par le Parent.

386. Plufieurs Auteurs , tel que Mornac fur le 6. cod. *de inoff. teft.* ont foutenu que l'enfant qui reçoit & qui approuve la légitime que fes pere & mere lui ont faite , fe rend non recevable à demander une plus forte fomme , parce qu'on a approuvé la volonté du défunt. *Le Brun, liv.* 2. *chap.* 3. *fect.* 1. *n.* 36. a auffi adopté cette opinion.

Mais la plus certaine eft qu'il faut une déclaration expreffe qu'on n'entend pas demander de fupplément de légitime , c'eft la difpofition de la loi *fi quando,* 35. *au cod. de inoff. teſtam. §. 1.* où l'Empereur Juſtinien dit que la quittance donnée par la fille, ne l'empêche point de demander le ſupplément, à moins qu'elle n'y ait renoncé expreſſement ou déclaré qu'elle ſe contentoit de la ſomme à elle laiſſée par ſon pere. *Generaliter definimus quando pater minus legitimâ portione filio relinquerit : ſi filius poſt obitum patris, hoc quod relictum vel donatum eſt ſimpliciter agnoverit, forte & ſecuritatem hæredibus fuerit, quod ei relictum vel datum eſt accepiſſe, non adjiciens nullam ſibi ſupereſſe de repletione quæſtionem, nullum ſibi facere præjudicium, ſed legitimam partem repleri : niſi hoc ſpecialiter ſive in apochâ, ſive in tranſactione ſcripſerit, vel pactus fuerit quod contentus relicta, vel data parte de eo quod deeſt, nullam habeat queſtionem.*

Mornac obſerve même ſur cette loi que tous les interprétes ſont d'avis, qu'il faut une renonciation de ne rien plus demander à titre légitime ſans quoi l'action en ſupplément a lieu, tant la légitime eſt favorable.

Guipape & Ferriere queſt. 93. diſent que les légitimaires ſont recevables à demander le supplément de leur légitime, quoiqu'ils aient reçu ce qui leur a été laissé par leur pere & mere, sans aucune reserve ni protestation. *Papon en ses arrêts liv. 20. tit. 7. art. 6. Chorier en sa Jurisprudence de Guipape, Bretonnier sur Henris tom. 2. liv. 5. quest. 33.* & la raison en est que l'enfant qui reçoit le legs à lui fait par son pere, n'entre pas dans la fixation du patrimoine, il suit le jugement du pere; ainsi en recevant le legs, il ne se fait aucun préjudice pour demander le supplément, quand même il seroit dit que moyennant la somme dont on fournit quittance on quitte à tous droits paternels, alors l'on n'est censé que de quitter au legs qui avoit été fait, & cela n'empêche point la demande en supplément, à moins qu'il ne soit dit qu'on quitte aussi au supplément. *Despeisses de la légitime pag. 310. & 321. Catellan. liv. 2. chap. 36. la loi déjà citée, si quando 35.*

DISTINCTION II.

Si le légitimaire à qui on n'avoit rien fixé, & qui a fourni quittance, est exclus du supplément ?

387. Dans le Journal du Palais de Toulouse on trouve un arrêt du 12. Juin

1730. rendu en pareille occasion que celle dont nous parlons par lequel le légitimaire avoit reçu une somme pour sa légitime avec sa promesse de ne rien plus demander.

Plus de dix ans après la derniere quittance le légitimaire fit assigner l'héritier en composition de patrimoine & en payement de supplément, attendu que par la quittance on n'y avoit pas expressément renoncé. Par sentence du Sénéchal confirmée par arrêt, le supplément fut accordé au légitimaire, ainsi à s'en tenir à ce préjugé, il n'y a point de différence à faire du cas où l'enfant a lui-même fait le réglement de sa légitime d'avec celui où il n'a fait que suivre le jugement ou réglement du pere ; mais je ne crois pas cet arrêt juridique, & il me paroît qu'on doit faire une grande différence d'un cas à l'autre ; au premier cas, il est certain que la quittance n'exclut pas comme nous l'avons montré ; mais au cas dont nous parlons que la légitime n'a pas été fixée, alors le légitimaire qui reçoit & qui fait quittance de sa légitime, ce légitimaire doit être regardé comme un cohéritier qui a réglé ses droits avec l'héritier, & s'est contenté pour le tout de la somme qu'il a reçue ; car on ne peut pas dire en ce cas que ce légitimaire aie suivi le jugement du pere ; ce n'eſt que le ſien propre, il a eſtimé ſa légitime comme portion héréditaire à la ſomme dont il s'eſt contenté, & par conſéquent il n'étoit pas néceſſaire alors qu'il renonçat au ſupplément, il ſuffit que ce ſoit lui-même qui aie faite la fixation de ſa légitime ; & s'il a laiſſé paſſer les dix ans ſans revenir contre, la preſcription des actions reſciſoires peut lui être valablement oppoſée, de même qu'on peut le faire quand on a partagé une hérédité.

D'ailleurs la demande en ſupplément n'a été introduite que pour mettre le teſtament à l'abri de la querelle d'inofficioſité, en ce cas les loix ont voulu que le légitimaire eût deux actions pour demander ſa légitime, l'une en vertu de la diſpoſition de l'homme pour exiger ce qu'on lui a légué pour légitime, l'autre en vertu de la diſpoſition de la loi par ce qui ſe manque à parfaire cette légitime ; mais quand il n'y a pas de fixation de légitime, que le légitimaire la fait lui-même, il ne peut plus être queſtion de ſupplément, il entre dans la compoſition du patrimoine, & n'eſt plus dans le cas de demander un ſupplément, ce qui eſt conforme à l'eſprit des loix qu'on a citées dans la section précédente où l'on trouve dans la loi 3). *si quando.* §. *& generaliter. cod. de inoff. testam.* que la loi ne reserve le supplément que dans le cas que la légitime a été fixée par le pere ; la loi veut alors qu'il y ait une renonciation expresse au supplément, aussi ces mêmes loix ne doivent pas être étendue d'un cas à l'autre.

D'après ces raisons je pense qu'on doit décider qu'en pareil cas la demande en supplément de légitime ne peut avoir lieu nonobstant l'arrêt que nous avons cité, l'Arrestographe qui le rapporte est même d'un sentiment contraire, & dit que la cause fut pas bien défendue à cause de la pauvreté des parties, que d'ailleurs les Juges étoient partagés , & que cet arrêt ne sauroit faire de préjugé ; & cela est si vrai , que le même Parlement a jugé par autre arrêt du 9. Juin 1749. que la demande en supplément n'avoit pas lieu lorsque le pere n'avoit rien fixé de son vivant pour la légitime de ses enfans ; voici l'espece de cet arrêt. La Dame Clavieres donna à un de ses enfans tous de ses biens présens & à venir , à la charge de payer à ses sœurs leur légitime telle que de droit , sous la reserve de disposer de la somme de 1000 liv. Cette donation étoit entre-vifs hors contrat de mariage, faite en 1717. & la donataire mourut en 1735.

La même année les sœurs passerent un traité avec leur frere par lequel il fut dit que les sœurs subrogeoient leur frere à tous leurs droits légitimaires maternels en quoi qu'ils consistassent à ses périls moyennant 400 liv.

Plus de dix ans après ce traité lequel on avoit exécuté par les payemens, les sœurs formerent la demande en supplément de légitime du chef maternel, & cette demande fut annuelle au Sénéchal ; mais par l'arrêt cité les sœurs furent déboutées de leur demande.

Le motif de l'arrêt fut que l'action en supplément a été subrogée à la plainte ou querelle d'inofficiosité, & elle n'a lieu que dans le même cas ; que suivant le droit ancien il y avoit lieu à la querelle d'inofficiosité lorsqu'un pere instituoit son fils en une somme moindre que ne devoit être sa légitime, suivant les loix 30 & 31. au cod. *de inoff. testam* ; mais que pour remédier à un grand nombre de contestation qui donnoient lieu à déclarer les testamens

nuls , l'on établit l'action pour demander ,
id quod deest légitimæ portioni , que nous
appellons supplément de légitime qui est
de la même nature que l'action pour la
demander qui dure pendant le même es-
pace,& il y a attacha tant de faveur qu'il ne
voulut pas qu'elle fût éteinte par l'approba-
que l'enfant feroit du testament de son
pere en recevant le legs , à moins qu'il ne
renonçât expressement au supplément de légitime ; de là toute la faveur qu'on a accor-
dée à des pareilles demandes. On crut que
ces décisions ne pouvoient recevoir d'appli-
tion que dans le cas que l'enfant avoit été
légitimé à une certaine somme ; mais que
dans l'espece dont il étoit question, on avoit
donné la légitime telle que de droit , cela
n'auroit pu jamais être le cas de la plainte
de l'inofficiosité , & par conséquent ce n'é-
toit pas non plus le cas où l'on put demander
un supplément, parce qu'on étoit entré dans
une fixation de patrimoine , & qu'on doit
distinguer ce cas des autres.

CHAPITRE XII.

De la Cession ou Transport du Droit de légitime.

ON peut céder ses droits légitimaires en tout ou en partie, comme nous allons le démontrer.

§. I.

Quelle légitime peut-on céder ?

388. Il faut que celui du chef duquel on vend une légitime ait existé & soit mort ; car celui qui n'a jamais existé ne peut pas avoir de légitime n'ayant ni enfans ni ascendans, & celui qui est en vie ne doit pas de légitime, attendu que ce n'est qu'après la mort que la légitime est due ; tout ce qu'on peut donner de son vivant n'est qu'un avancement qu'on doit imputer sur la légitime ; cependant si on ne cédoit que ce qu'on auroit donné du vivant de celui qui doit la légitime en avancement, la cession pour cet objet seroit bonne ;

mais elle ne pourroit comprendre aucun supplément de légitime.

389. S'il arrivoit qu'on cédat son droit de légitime sur les biens de ses pere & mere qu'on croiroit morts, & qu'ils se trouveroient vivans, la cession en seroit nulle & ne produiroit aucun effet de part ni d'autre, & si le cessionnaire avoit payé le prix, il est en droit de demander la répétition comme ayant payé sans sujet, puisqu'il n'y avoit point de cession. Il doit aussi être remboursé de ce qui lui en a coûté pour cette fausse cession.

390. On ne peut pas, comme nous l'avons dit ailleurs, céder ses droits légitimaires du vivant de celui qui les doit, parce que c'est un évenement futur qu'on ne pourroit espérer qu'en attendant la mort de la personne qui doit y donner ouverture, ce que les bonnes mœurs ne permettent pas ; ainsi la cession de la légitime ne peut être valable qu'autant qu'elle est due. Voyez les Auteurs & les loix citées au tom. 6. page 206. Journal du Palais de Toulouse.

391. La cession de la légitime, avons-nous dit, n'est pas valable s'il n'y a pas encore de légitime ; mais il n'est pas nécef-

faire que pour que la vente soit valable que la légitime appartienne au cédant, par la raison que la vente de la chose d'autrui est valable, *res aliena vendi potest*, ainsi celui qui vend des droits légitimaires qui ne sont pas à lui, s'oblige à faire avoir à l'acheteur la valeur de cette légitime, & tout ce qui auroit eu s'il la légitime lui avoit effectivement appartenu.

§. II.

Que comprend la cession de la légitime ?

393. Quand on cede ses droits légitimaires ce n'est pas le titre ni la qualité de légitimaire qu'on cede, cette qualité est attachée à la personne du légitimaire & ne peut s'en séparer & par conséquent ne peut se céder. On ne cede donc que tout ce qui est parvenu & parviendra pour légitime, de-là il suit que le cédant doit délivrer au cessionnaire toutes les choses qu'il a eu à compte de sa légitime avec les fruits & toutes les actions qu'il peut avoir pour se faire payer de sa légitime ; mais s'il arrivoit qu'il fut créancier de l'héritier pour d'autres objets, en ce cas cela ne seroit pas compris dans la cession, & il pourroit le

demander à l'exemple de ce qui se pratique en vente de succession, Le Brun aux
additions, addition 19.

393 On demande si une sœur cede à
son frere tous ses droits légitimaires, si cela
comprend le supplément de la légitime ?

Catellan liv. 2. chap. 37. qui traite la
question, dit que la renonciation générale
à tous droits légitimaires paternels & maternels ne comprend pas le supplément de
légitime & qu'il faut une renonciation expresse, qu'il en est de même de la succession faite par une sœur à son frere de tous
ses droits moyennant une certaine somme,
& il rapporte un arrêt qui jugea que la
Dame de Beaucaire qui avoit cédé tous ses
droits à son frere moyennant 20000. liv.
étoit en droit de demander un supplément
nonobstant sa cession, comme n'ayant
pas fait mention expresse du supplément.

Je pense que cette question doit être
décidée par les mêmes principes que nous
avons posés au chap. 11. section 2. n. 329.
c'est-à-dire que quand l'on a fixé la légitime des enfans que moyennant la même
somme ils cedent tous leurs droits légitimaires, en ce cas cela ne sauroit empêcher

la demande au supplément ; mais lorsqu'il n'y avoit aucune fixation de légitime, ou qu'on a cédé tous ses droits pour une somme plus forte que celle à laquelle la légitime avoit été fixée, l'on doit présumer que le surplus a été mis pour supplément, qu'on n'est pas fondé à le demander une seconde fois, & qu'on ne peut se pourvoir que pour cause de lésion dans les dix ans.

394. J'ai vu souventesfois présenter la question de savoir si un frere qui a cédé à son autre frere tous ses droits légitimaires paternels & maternels généralement quelconques, moyennant une certaine somme, ensuite il est instruit qu'il n'y a pas de disposition, s'il est fondé à revenir contre après les dix ans, je pense qu'il est fondé, comme nous le ferons voir au chap. 13. ci-après.

§ III.

Si la légitime a été cédée à un étranger, les autres enfans peuvent l'exclure en lui offrant le prix de sa cession.

395. Les enfans ont deux moyens pour

exclure un étranger qui a prix de cession dt la légitime d'un de leurs freres.

396. Premiérement ſi l'on regarde le droit comme litigieux ; car il l'eſt preſque toujours à cauſe des diſcuſſions où l'on eſt obligé d'entrer pour fixer la légitime ſoit à cauſe des dettes ou autres embarras qu'une ſucceſſion entraîne néceſſairement, ils en ſont quittes en offrant à l'étranger le prix de la ceſſion ; car les loix pour mettre un frein à la cupidité des acheteurs des droits litigieux , & pour arrêter les procès, ont ordonné que les acheteurs des droits litigieux ne pourroient exiger du débiteur plus que ce qu'ils ont donné pour le prix de la ceſſion avec les intérêts, & que le débiteur ſoit quitte du reſte , c'eſt la diſpoſition de la loi *per diverſas ab anaſtaſio, cod. mandatis.*

397. En ſecond lieu quand même l'on regarderoit la légitime comme claire, ſi le ceſſionnaire vouloit l'exiger en fond & corps héréditaire, comme on a droit, en ce cas l'héritier ſeroit reçu à offrir à l'étranger le prix de ſon tranſport, & à demander à être ſubrogé , afin qu'il n'ait rien à démêler avec un étranger qui veut pénétrer dans les ſecrets d'une famille dont il n'eſt

point , & vexer le vrai héritier en achetant à bon marché les droits d'un légitimaire , qui fait une efpece de cohéritier ; c'eft un principe qui a lieu quand il s'agit de fucceffion *ab inteftat* , comme il a été jugé par les arrêts cités par Brodeau fur Louet lettre C. n. 13. Brétonnier queftions alphabétiques *verbo* droit litigieux. Or je penfe que le ceffionnaire eft dans le même cas quand il demande fa légitime en corps héréditaire; il peut également pénétrer dans les fecrets de la famille comme le cohéritier , d'où je conclus qu'il eft dans le même cas d'exclufion moyennant le remboursfement de ce qui leur en a coûté , frais de l'acte & intérêts, il peut même demander le ferment de l'acheteur.

498. Mais fi la légitime étoit fixée en argent , que le droit fut liquidé , en ce cas quoique la ceffion eut été faite à moindre prix, on ne pourroit pas imputer au ceffionnaire d'avoir voulu pénétrer dans les fecrets d'une famille , & le tranfport fe trouvant fait d'une créance claire & liquide & non litigieufe quoique fait *minori pretio* , l'héritier ne feroit pas recevable à offrir le remboursfement de ce qu'on auroit donné , & demander la fubroga-

tion, par la raison que du moment que la dette n'eſt pas litigieuſe, c'eſt un commerce licite & non prohibé par les loix & ordonnances,& s'il en étoit autrement il faudroit comme dit Brodeau détruire toutes les ceſſions & tranſports, parce que le plus ſouvent une dette ne ſe vend pas ni ſe tranſporte pas pour ſon juſte prix, quoiqu'il ſoit claire & liquide; il peut arriver que le créancier a beſoin de l'argent,& que le débiteur étant mauvais payeur,ſon retardement donne lieu à la ceſſion,& a meilleur marché, ainſi il ne ſeroit pas juſte qu'il profite d'une remiſe que ſon retard a forcé le créancier à faire, ce ſeroit ouvrir un moyen aux débiteurs de difficile convention pour les faire encore retarder & détruire les ceſſions; mais en pareil cas les tranſports ont leur effet comme l'ont jugé les arrêts cités par *Brodeau, loco citato.*

399. Obſervez que la loi *ab anaſtaſio*, n'a été portée que contre ceux qui cedent & vendent des droits litigieux à titre de vente, cela y eſt expreſſément déclaré, & qu'on n'entend donner aucune atteinte à celles qui ſont faites à titre de donation. De-là il ſuit que quoiqu'une légitime aie paſſée à un étranger à titre de donation

quand même elle feroit litigieufe, on peut
exiger du débiteur tout ce que fon cédant avoit droit de reclamer ; mais il
faut pour cela que la donation foit fin-
cere ; car quand même il feroit dit que le
cédant cede moyennant la fomme
de..... & donne le furplus, en ce cas
la loi préfume que la donation eft fimulée
& faite en fraude de la loi *ab anafta-
fio*, & qu'en conféquence fans y avoir
égard, elle veut que le ceffionnaire ne puiffe
exiger du débiteur que le prix de la ceffion,
ce qui eft très - jufte , car autrement on
éluderoit toujours la loi, & la claufe de donation feroit mife par ftile.

400. Le droit accordé au débiteur de
prendre le marché d'autrui en cas de ceffion de dette litigieufe , eft une efpece de
retrait de la dette litigieufe qui lui eft accordé fur le ceffionnaire , lequel détruit le
marché que le ceffionnaire avoit fait , &
le fait paffer en la perfonne du débiteur ;
ce retrait eft très-équitable , & procure la
paix ; en effet le débiteur en prenant pour
lui le marché éteint le procès auquel la
dette litigieufe devoit donner lieu ; ainfi
il doit être préféré pour ce marché à un
odieux acheteur de procès.

401. Mais dans ce retrait tout comme en retrait lignager , le débiteur doit rembourser au ceſſionnaire la ſomme qu'il a payée pour le prix de la ceſſion , & lui apporter acquit & décharge de ce qu'il peut être tenu de payer ; il doit auſſi les intérêts des ſommes payées par le ceſſionnaire du jour de la ſignification du tranſport & des frais du tranſport & ſignification , parce que c'eſt un principe commun à toutes les eſpeces de retrait , que le retrayant doit indemniſer celui ſur qui le retrait eſt exercé de tout ce qu'il lui en a coûté.

402. Le retrait dont nous venons de parler eſt admis même après la conteſtation en cauſe , mais ſi les offres n'étoient faites qu'à la veille de ſuccomber, & après qu'on auroit mis le droit en évidence , en ce cas il ne devroit pas être écouté, ſuivant le ſentiment de l'Auteur du traité des contrats de vente *tom. 2. page 123.*

403. Ce que nous venons d'obſerver que le débiteur eſt reçu à offrir au ceſſionnaire ce qu'il lui en a coûté quand il eſt queſtion de droit litigieux ſouffre certaines exceptions.

404. 1º. Lorſque le ceſſionnaire avoit quelque

quelque part de son chef dans le droit cédé,
en ce cas on ne peut pas le faire passer
pour un acheteur de procès, il est par conséquent admis à faire valoir les droits qu'on
lui a cédés dans toute leur étendue : Mornac sur les loix *ab anastasio*.

405. 2°. Quand l'on a été obligé de
prendre la cession pour se payer de quelque dette, en ce cas il y a une cause, &
l'on ne peut plus regarder comme acheteur
de procès.

406. 3°. Si l'on est en possession d'un
héritage, que la créance cédée fut hypothé-
quée sur icelui, & que le garant ne fut pas
bon, en ce cas en achetant la créance pour
se conserver dans sa possession ; comme la
cession à une juste cause, l'on est dans le
cas de la faire valoir dans leur entier.

407. 4°. Quand la créance a été
achetée avec d'autres choses, comme un
domaine, une terre, une pareille cession
n'est pas dans le cas des loix, parce qu'on
ne peut pas soupçonner d'avoir recherché
l'acquisition d'un procès. Voyez Bruneman.

408. 5°. Lorsque le droit quoique litigieux a été vendu en justice, parce que
l'adjudicataire ne peut être regardé comme
un odieux acheteur de procès, puisque le

débiteur de la créance a été assez instruit par les affiches, & il doit s'imputer de n'avoir pas acquis, du tems que la justice faisoit vendre.

409. 6°. Quand c'est pour compenser, en ce cas quoiqu'elle soit prise à moindre prix, cette cession n'est pas dans le cas des loix *ab anastasio*, Catellan liv. 5. chap. 71.

410. 7°. Lorsque la cession est faite avec garantie, parce alors on ne peut pas la regarder comme l'achat d'un procès, puisque le cédant se charge de faire avoir le droit en entier, ainsi la cession ne doit être 5. d'aucune considération.

De la Garantie qui concerne le Cédant.

411. On dit communément que toute cession porte garantie, suivant cette maxime le cessionnaire ou le subrogé venant à être évincés doivent avoir leur garant & la répétition de leurs deniers contre le créancier qu'ils ont payé, Catellan liv. 5. chap. 22.

Mais il y a aussi une autre maxime qui dit que *repetitio nulla est ab eo qui suum recipit, etiamsi ab alio quam à vero debitore solutum sit.* leg. 44. *ff de condit.*

Ces deux maximes se consilient en distinguant la cession & la subrogation avec garantie ; car en ce cas si le cessionnaire ou le subrogé sont évincés pour des créanciers antérieurs qui absorbent les biens du débiteur cédé, en sorte que la cession devienne inutile au cessionnaire ; auquel cas le subrogeant ou cédant doit rendre les deniers, parce que *præstare tenetur potiorem se esse cæteris creditor*. Catellan liv. 5. chap. 40.

Au contraire le cédant ou le subrogeant n'est pas tenu d'aucune garantie lorsque l'éviction arrive *jure Dominii*, c'est-à-dire lorsque le cessionnaire ou le subrogé sont évincés du fonds pour le payement duquel ils avoient pris la cession ou subrogation, ce qui arrive dans le cas qu'un acheteur paye les créanciers de son vendeur ; car en ce cas quoique que le créancier subroge l'acquéreur, cette subrogation ne le soumet pas à la garantie *nulla repetio est ab eo qui suum recipit*. Catelan liv. 5. chap. 22. à moins que le créancier ne sut que la chose n'appartenoit pas à son débiteur. Despeisse.

412. Il y a encore un autre cas où le cessionnaire n'est pas tenu de la garantie, c'est-à-dire à la restitution des deniers, quoique

le ceſſionnaire ſoit en perte du prix de la
ceſſion par des créanciers antérieurs dont
les créances abſorbent les biens du débiteur
s'il a été ſtipulé dans la ſubrogation qu'on
renonçoit à la garantie , en ce cas on ne
peut pas exiger le prix qu'on n'y ait pas
expreſſement renoncé. Catellan liv. 5. chap.
22.

413. Mais il y en eſt autrement en fait
de vente de biens immeubles ; car quoique
vendeur n'ait pas promis la garantie, néanmoins il eſt tenu de rendre le prix à moins
qu'on n'y ait expreſſement renoncé , voyez
Catellan *loco* , l'Auteur du traité des contrats de vente page 193.

414. Que doit-on décider en pareil cas,
ſi l'on a cédé une légitime ſans garantie ?
pourra-t-on demander la reſtitution du
prix , attendu que la légitime eſt due en
fonds ? Je penſe que le ceſſionnaire le pourroit, à moins que la légitime n'eût été fixée
en deniers , & que le légitimaire s'en fut
tenu-là.

CHAPITRE XIII.

De la léſion qu'il faut dans un acte portant réglement des droits légimaires ou ſucceſſifs pour le faire reſcinder.

SECTION I.

Des cauſes qui donnent lieu à la reſtitution.

415. L'Equité doit régner dans les conventions. D'où il ſuit que dans les contrats intéréſſés dans leſquels l'un des contractans donne ou fait quelque choſe pour recevoir quelque autre choſe, comme le prix de ce qu'il donne ou de ce qu'il fait, la léſion que ſouffre l'un des contractans, quand même l'autre n'auroit recours à aucun artifice pour le tromper, eſt ſeule ſuffiſante par elle même pour rendre le contrat vicieux. L'équité, en fait de partage, conſiſte dans l'égalité ; dès que cette égalité eſt bleſſée

& que l'un des contractans donne plus qu'il en recevroit , le contrat est vicieux parce qu'il péche contre l'équité qui doit y régner.

Indépendemment de ces raisons il y a de l'imperfection dans le consentement de la partie lésée , comme n'étant censé vouloir donner ce qu'elle a baillé, que dans la fausse supposition que ce qu'elle recevroit à la place valoit autant que ce qu'elle donnoit, & elle n'étoit pas dans la disposition de vouloir donner si elle eut su que ce qu'elle recevoit valoit moins.

416. En général les majeurs ne sont point écoutés à se plaindre de leurs conventions pour cause de lésion, à moins qu'elle ne soit énorme , ce qui a été sagement établi pour la sûreté & la liberté du commerce qui exige qu'on ne puisse pas revenir contre les conventions , autrement nous n'oserions contracter dans la crainte qu'on imaginât de lésion pour faire un procès.

417. La lésion qui excede la moitié du prix , est appellée communément énorme, celui qui la souffre peut dans le dix ans du contrat , en obtenant des lettres de rescision , en demander la nullité , & si la lésion y est en estimant la chose vendue , eu

égard à fa valeur lors de la convention, on condamne au furplus du prix, ou l'on réfoud la vente.

418. En fait de partage ou traité fur la légitime l'égalité eft plus particuliérement requife, Dumoulin *de ufur.* §. 14. n. 182. car dans des pareilles conventions il ne faut pas une léfion du double, il fuffit qu'elle excede le quart du jufte prix pour qu'elle donne lieu à la reftitution, c'eft une maxime qui eft certaine & établie par Papon en fes notaires tom. 3. liv. 9. & en fes arrêts liv. 15. tit. 7. n. 6. par Le Brun des fucceffions liv. 4. chap. 1. n. 53.

419. On appelle cette léfion du tiers au quart, c'eft-à-dire une léfion qui roule entre le tiers & le quart, qui peut ne pas aller tout à fait au tiers, mais qui doit excéder le quart; exemple, il doit me revenir 1200. liv. pour mon lot, je n'ai eu que 750. liv. je peux revenir, parce que j'ai fouffert de léfion pour plus de 300. liv. qui eft le quart. Imbert inchirid. au tit. de divifion & partage mal fait. Il y a des Auteurs qui prétendent que quand le partage a été fait au fort, il ne peut être attaqué par la voie de la léfion, *Fachin controverf.* *lib.* 8. *cap.* 36. & cite un conflit d'opinions

P iv

qu'il y a là-deſſus. Mais cela n'a pas lieu dans la Pratique, il ſuffit qu'il y aie de léſion de plus d'un quart dans le partage quoique fait au fort, même par une tranſaction pour qu'on puiſſe réclamer, Vedel ſur Catellan liv. 5. tom. 1. queſt. 72. Charondas en ſes réponſes liv. 6. chap. 3.

420. L'on peut revenir contre un partage quoiqu'il aie été fait par une tranſaction, parce que le premier acte qui ſe paſſe entre cohéritiers, de quelque nom qu'on l'appelle, eſt toujours conſidéré comme partage, Papon en ſes arrêts liv. 15. tit. 7. n. 7. Dumoulin de uſur. queſt. 14. nomb. 182. Le Brun des ſucceſſions tit. de partage n. 55. Catellan & Vedel, *loco*, Henris & Brétonnier tom. 2. liv. 4. queſt. 59. & c'eſt ainſi que la queſtion a été jugée au Parlement de Toulouſe par arrêt du 13. Juillet 1737. par lequel Françoiſe Falq a été reçue à revenir pour léſion contre la vente par elle faite en ſe mariant, à Jean Falq ſon frere de tous ſes droits paternels, maternels & fraternels ſans qu'il y eut entr'eux un partage de fait, cet arrêt eſt fondé ſur la maxime que le premier acte qui ſe paſſe entre cohéritier ſeſt toujours réputé

s acte de partage , quelque nom que les parties lui aient donné. L'acte dont nous venons de parler étoit dans les plus forts termes de vente , le frere s'étoit chargé de
l'évènement fans garantie , le futur époux
y avoit confenti , ainfi cet arrêt eft précis
pour la maxime que les premiers actes doivent paffer par acte de partage & par conféquent fujet à la refcifion s'il y a léfion du
tiers au quart.

421. Mais quand il y a eu un premier acte,
qu'on s'eft pourvu contre , & qu'enfuite
l'on traite, on n'eft plus reçu à fe pourvoir
par léfion contre ce fecond acte.

422. S'il y a lieu de refcinder le partage , depuis quand doit-on condamner à la
reftitution des jouiffances ? Je penfe que
cela ne doit être que depuis la demande en
reftitution à l'exemple de ce qui fe pratique dans les ventes, puifqu'il y a un acte, &
celui qui jouit eft cenfé être dans la bonne
foi.

423. Ce que nous venons d'obferver
pour les partages entre cohéritier , a également lieu vis-à-vis des légitimaires ; car
pour expédier la légitime il faut néceffaire-
ment faire un partage , puifque la légitime

P v

est une portion de la succession ; on doit donc suivre les mêmes principes.

424. Mais si au lieu de faire un partage l'on fait une vente moyennant un certain prix à la charge de payer les dettes , la même lésion suffira-t-elle alors pour faire rescinder un pareil acte ?

Presque tous les Auteurs pensent que celui qui vend une succession , ou le droit qu'il y a , ne peut se faire restituer quand même il se trouveroit que ce qu'il a vendu vaudroit plus de six fois le prix de la vente. Papon liv. 16. tit. 3 n. 18. cite deux arrêts qui l'ont ainsi jugé , Charondas liv. 3. chap. 18. Maynard en ses questions liv. 3. chap. 63. & la raison qu'ils en donnent est que le vendeur ne fait l'acte que pour se décharger des dettes & de l'évenement incertain des affaires de la succession, & qu'on a toujours de justes raisons de se décharger de l'embarras des affaires d'une succession. *L. quia poterat. 4. ff. ad trebellianum.*

Brodeau sur Louet lett. h. somm. 7. prétend cependant que la rescision pour lésion n'est refusée en vente d'hérédité que dans le cas qu'il s'agit de vente de droits successifs faite à un étranger , & non entre

cohéritier avant l'inventaire & partage, &
que dans ce dernier cas la restitution a lieu.
Je crois qu'on doit faire la même distinction ; malgré que Berroyer sur Bardet liv.
1. chap. 115. aie condamné la distinction
de Brodeau, & ma raison est qu'à l'égard
des étrangers on doit présumer que cela a
été fait pour commerce ; l'acheteur prend
sur lui le risque de l'évenement ; il est
moins instruit qu'un cohéritier, qu'ainsi
cela doit suffire pour rendre le marché égal,
& par conséquent l'on doit refuser la restitution en ce cas au vendeur, quand même il auroit évidemment de lésion d'outre moitié.

Mais il n'en doit pas être de même d'un
cohéritier qui vend ou cede à son autre cohéritier sa portion héréditaire ou droit de
légitime ; l'un & l'autre sont dans l'intention que ce qu'on donne pour prix de la
cession tiendra lieu de portion héréditaire ;
on croit donc faire un partage sous titre
de vente, & il est toujours de principe d'é-
quité entre les cohéritiers de garder entr'eux l'égalité, ce qui fait que la bonne
foi est plus essentielle entr'eux, & il n'est
pas, comme disent les loix, permis de se
tromper ; ainsi quoiqu'ils se soient chargés
du payement des dettes & d'un évene-

ment incertain, l'acte est toujours rescindé par les lésions du tiers au quart, comme l'arrêt du Parlement de Toulouse du 13. Juilet 1737. dont on a ci-devant rapporté le dispositif, l'a jugé en termes formels, & comme on le voit dans Le Brun des successions liv. 4. chap. 1. n. 4. 58.

On trouve un arrêt du 7. Décembre 1666. rapporté dans le Journal du Palais, part. 3. chap. 35. de la premiere édition, qui a jugé qu'un exécuteur testamentaire ayant traité des droits successifs avec ses cohéritiers chacun en particulier pour de prix inégaux avant que d'avoir fait aucun inventaire des biens de la succession, il y avoit lieu à la restitution contre un des traités, parce que les circonstances firent croire qu'il y avoit de la fraude de la part de l'exécuteur testamentaire, & qu'il s'étoit prévalu des connoissances qu'il avoit des forces de la succession.

425. Mais quand la vente ou autre traité ont été faits après partage, la lésion du tiers au quart ne suffit pas pour le faire rescinder, il faut qu'elle soit d'outre moitié. Le Brun au lieu cité.

Dans tous ces cas l'on ne considere la lésion qu'eu égard au tems du partage & non

à l'évenement , suivant la loi 11. §. 4. &
5. ff. *de minori*.

426. Il y a d'autres caufes qui donnent
encore lieu à la reftitution comme dol;or on
appelle dol toute efpece d'artifice dont
quelqu'un fe fert pour tromper un autre ,
Labeo definit dolum, omnem caliditatem,
fallaciam , machinationem ad circumve-
niendum,fallendum,decipiendum alterum,
adhibitam , l. 1. §. 2. ff. de dol.

En droit l'on diftingue le dol perfonnel
& le dol réel : par dol perfonnel l'on entend celui qui prévient du fait de quelqu'un dans le deffein de tromper un
autre. Exemple, l'on vend une maifon ,
pour faire monter le prix plus haut, on
produit un bail fait à plus haut prix que
celui convenu entre le bailleur & le pre-
neur dans le deffein de vendre fon héritage
à un prix plus fort fur le pied du bail;
c'eft un dol perfonnel provenant du fait du
vendeur pour tromper l'acquéreur & lui en
faire payer plus qu'il n'en auroit donné autrement ; ainfi l'acquéreur en juftifiant
ce dol peut fe faire reftituer de cette vente;
car la fraude ne doit pas profiter à celui
qui la commet au préjudice d'autrui,*nemi-*
ni fraus fua patrocinari debet. leg. 1. *ff.*
de dolo malo.

427. Cependant quoiqu'une partie aie été engagée de contracter par le dol de l'autre, le contrat n'est pas absolument & essentiellement nul, parce qu'un consentement quoique surpris ne laisse pas que d'être consentement; mais ce contrat est vicieux, & la partie qui a été surprise peut dans les dix ans en prenant des lettres de rescision le faire rescinder, parce qu'il péche contre la bonne foi qui doit régner dans les contrats.

428. On ne regarde cependant comme vrai dol pour faire rescinder un acte que ce qui blesse ouvertement la bonne foi, comme sont les mauvaises manœuvres, & tous les mauvais artifices qu'une partie auroit employés pour engager l'autre à contracter ; & ces mauvaises manœuvres doivent être pleinement justifiées ; *dolum non nisi perspicuis indiciis probari convenit*, loi 6. *cod. de dol. mal.* d'où il suit que le dol ne se présume pas.

429. Il n'y a que le dol qui a donné lieu à l'acte qui puisse opérer la restitution ; c'est-à-dire le dol par lequel l'une des parties a engagé l'autre à contracter, & qui n'auroit pas contracté sans cela, & qu'il aie été commis par la personne avec qui

l'on a contracté, ou du moins qu'elle y ait été participante ; s'il a été commis sans sa participation, & que la partie n'aie pas souffert une lésion énorme, l'engagement est valable.

430. Le Dol ne se présume jamais ; il faut qu'il soit prouvé, & cette preuve doit être faite par celui qui l'a alleguée. Voyez l'ordonnence de Louis XII de 1510. art. 58. Charondas, le Prêtre & le Brun.

431. Quoiqu'en général la restitution doive se demander dans les dix années de l'acte, comme nous le dirons au chapitre suivant ; cependant les arrêts ont jugé que quand la restitution est fondée sur la fraude & sur le dol, les dix ans ne courent que du jour que la fraude a été découverte ; l'ordonnance de 1510 porte en effet que les dix ans ne commenceront à courir qu'à compter du jour que les actes auront été faits, & que la cause de crainte ou violence ou autres causes légitimes, empêchement de droit ou de fait aura cessé. Voyez deux arrêts rendus le 27. Mai & 17. Juin. 1672. au Journal du Palais.

432. Par dol réel on entend celui qui vient de la chose, quand un acquéreur à qui on a livré tous les effets compris dans le con-

trat a été déçû par leur peu de valeur ; les terres qu'il auroit achetées étant moins bonnes que les autres qui feroient auprès ou aux environs ; en ce cas, il n'y a point du fait du vendeur lequel n'a point été obligé de déclarer la qualité de fes terres ; & l'acquéreur doit s'imputer de ne s'être pas informé, comme il le pourroit, & en pareil cas il n'y a pas lieu à la reftitution pour caufe de dol, à moins d'une léfion d'outre moitié.

433. On peut encore fe faïre reftituer lorfqu'on a été forcé de contraƈter par force & violence ; traité des obligations page 32. & le tems de la reftitution ne commence à courir que du jour que la violence a ceffé, & l'on a dix ans enfuite pour fe pourvoir.

434. On peut encore fe faire reftituer pour caufe d'erreur, qui eft le plus grand vice de toutes les conventions ; puifque les conventions font formées par le confentement des parties. Or, il ne peut y avoir de confentement lorfque les parties ont erré fur l'objet de leurs conventions ; *non videntur qui errant confentire. L. 116. §. 2. de R. juris. L. 57. de obligat. & aƈt.*

C'eſt pourquoi ſi quelqu'un me vend une choſe, & que j'entende la recevoir à titre de prêt ou par préſent, il n'y a en ce cas ni vente, ni prêt, ni donation; ſi on croit me vendre une certaine choſe & moi en acheter une autre, il n'y aura point de vente, & autres exemples qu'on pourroit rapporter; ainſi ſi je n'ai entendu vous vendre mes droits légitimaires, & vous acheter la portion héréditaire, en ce cas il y aura de l'erreur qui annullera la convention.

435. Lorſqu'un enfant a été trompé ſous prétexte d'un teſtament qu'il regardoit comme valable, & qu'il ſe trouve faux, il eſt fondé à ſe faire reſtituer contre les actes par leſquels il l'a prouvé, c'eſt la diſpoſition de pluſieurs loix Romaines & de notre Juriſprudence.

436. Si le teſtament ſe trouve ſimplement nul, il faut examiner ſi la nullité procéde du défaut de forme dans le teſtament, ou ſi elle dérive d'un faux inconnu à l'héritier; au premier cas, l'ignorance de la nullité étant une ignorance purement de droit, elle ſeroit couverte ſans eſpérance de reſtitution. Mais au ſecond cas l'ignorance étant de fait, elle donneroit lieu à la reſtitution.

SECTION II.

Dans quel tems doit-on intenter la demande en refcifion ?

437. SUivant la difpofition de l'ancien droit Romain la demande en refcifion devoit être impétrée dans un an utile depuis la majorité.

Juftinien par la loi derniere *cod. de temp. in integ. reft.* a étendu ce terme jufqu'à quatre ans continués.

Nos Rois ont trouvé ce délai trop court ; en conféquence Louis XII. par une ordonnance en Juillet 1510. a prorogé le tems de la reftitution jufqu'à dix ans , tant en pays de droit écrit qu'en pays coutumier.

François I. par une ordonnance faite à Ys fur Tyl en Octobre 1535. a ordonné que toute refcifion de contrats n'auroit lieu après dix ans.

Par une autre ordonnance faite à Ville-cothieres au mois d'Août 1539. art. 134. ce Prince a ordonné qu'après 35. ans accomplis les mineurs fous prétexte de mi-norité ne pourront plus demander la caffation des contrats par lettres de relevement, reſtitution, ou autrement par voie de nullité pour alliénation d'immeubles faite ſans decret, ni autorité de juſtice.

On a du depuis tenu pour maxime générale en France que les mineurs ont dix ans depuis leur majorité pour obtenir des lettres de reſciſion contre les actes qu'ils ont paſſé.

438. Le même délai eſt accordé aux majeurs pour les actes qu'ils ont conſentis & dans leſquels ils ſe trouvent léſés, & dans le cas de la reſtitution, comme nous avons obſervé à la ſection précédente. *Voyez Bouguier lettre R. nom. 14. Henris tom. 2. livre 5. queſt. 21. Louet lettre D. ſomm. 21.*

439. Il ne faut pas ſeulement que les lettres ſoient obtenues dans les dix ans, il faut encore qu'elles ſoient ſignifiées ; autrement l'impétrant ſeroit déchu de l'entérinement d'icelles. *Mornacius ad leg. 2. cod. de temporibus in integ. reſt.*

440. Toute reſtitution eſt réciproque entre les parties qui ont contracté l'engagement contre lequel l'une des parties qui ſe fait reſtituer : *reſtitutio in integram ita facienda eſt, ut unuſquiſque in integrum jus*

ſuum recipiat. leg. 24. §. 4. *ff. de mino-ribus*, ainſi quand un acte a été annullé par la reſtitution en entier, les parties ſont remiſes dans le même état qu'elles étoient auparavant, ſans que cet acte ou contrat puiſſe produire aucun effet ou cauſer le moindre préjudice à aucune des parties directement ou indirectement, puiſqu'on regarde tous les actes comme des con-trats de bonne foi, & du moment qu'il y a une des parties qui trangreſſe ſes en-gagemens, elle ne peut plus forcer à les exécuter, cela doit être réciproque.

441. Nous venons de dire qu'en géné-ral les actions reſciſoires ſe preſcrivent par dix ans, & qu'on les compte du jour de l'acte ; mais cela ſouffre une premiere ex-ception pour ceux qui n'ont pas été parties dans un acte, alors ce n'eſt que du jour qu'il eſt venu à leur connoiſſance que l'on s'en eſt ſervi contre eux. *Gueret ſur le Prêtre cent.* 1. *chap.* 48.

442. Une ſeconde exception eſt dans le cas qu'un enfant auroit cédé ſes droits avant le décès de ſon pere, ou une fille qui auroit renoncé ; en ce cas le tems de la reſ-ciſion ne commence que du jour que le droit eſt ouvert, c'eſt la conſéquence na-

turelle que préfente l'ordonnance de 1510.
en difant ou autres caufes & légitimes em-
pêchemens de droit & de fait. Or , tandis
que la fucceffion n'eft pas ouverte , il y a
un empêchement, le tems de la refcifion ne
court par conféquent , arrêt du Parlement
de Paris du 31. Juillet 1660. rapporté par
Mornac fur la loi 1. *cod. de annal. except.*
*Le Brun des fucceffions liv. 2. chap. 3. fect.
1. n. 36. & liv. 3. chap. 8. fect. 1. n. 32.*

443. Une troifieme exception eft lorfque c'eft un mineur , en ce cas la reftitution
ne commence que du jour de la majorité.

444. A l'égard des actes paffés entre le
mineur , & fon tuteur , quoique le mineur fut devenu majeur lors de l'acte :
en ce cas l'on diftingue : fi l'on a tran-
figé fur un compte rendu & fur les pieces
juftificatives , l'on n'a que dix ans pour fe
pourvoir ; mais fi l'on a traité fans avoir
rendu un compte , en ce cas l'on a trente
ans pour faire déclarer l'acte nul , quoique
paffé après la majorité , fuivant *Maynard
livre 2. ch. 99 & 100. M. Dolive liv. 4.
chap. 16. M. de Catellan liv. 8. chap.*
6. ce qui eft fondé fur ce que le confentement donné par le majeur dans l'i-
gnorance du fait n'eft pas un confentement

valable ; & que le comptable n'est censé libéré qu'après qu'il a payé le reliqua, s'il y en a, & les pieces justificatives remises. *L. cum servus* 82. *ff. de condit. & demonst. & l'art.* 1. *du tit. de reddition de compte de l'ordonnance de* 1667. & on regarde de pareilles transactions comme nulles & frauduleuses; voyez un arrêt du 9. Septembre 1720. rapporté au Journal du Palais du Parlement de Toulouse.

445. J'ai vu souventesfois élever des contestations par des légitimaires contre l'héritier après avoir passé des actes & laissé écouler le tems de la rescision dans les dix ans, vouloir revenir contre, & pour faire annuller l'acte, dire que l'héritier avoit administré, qu'ainsi il étoit protuteur, & devoit rendre un compte, & qu'on avoit trente ans du jour de l'acte.

Pour moi je crois qu'en pareil cas l'on ne doit pas admettre la réclamation, un mineur même, un pupille n'a pas besoin de tuteur pour sa légitime ; les actions de l'hérédité ne sont pas sur sa tête, puisque c'est à l'héritier qu'elles appartiennent, & que le légitimaire ne contribue pas aux dettes, ni n'a pas de qualité pour les exi-ger : aussi voit-on qu'on ne donne jamais de tuteur à des enfans qui ont été réduits à la légitime, & lorſqu'ils ont fait un réglement, ils doivent s'imputer de ne s'être pas pourvu dans les dix ans des actions reſciſoires ; il ne peut pas dire qu'on lui a caché & retenu les pieces, puiſqu'il n'eſt pas dans le cas d'exiger qu'on lui en remette.

446. Obſervez au ſurplus que l'effet de la reſtitution eſt de remettre les parties au même état qu'elles étoient avant l'acte ; ainſi il ne ſubſiſte plus vis-à-vis aucune des parties. De-là il ſuit que celui qui a reçu quelque choſe doit le rendre ; parce qu'il faut remettre les parties au même état qu'elles étoient. Mais cela ſouffre une exception, lorſque le mineur ſe fait reſtituer contre ſon tuteur ; en ce cas la reſtitution n'eſt pas réciproque, & ſi le tuteur a baillé de l'argent il ne le répéte pas, mais il l'employe dans ſon nouveau compte. Le Prêtre cent. 1. chap. 25. Il en doit être de même vis-à-vis un légitimaire, on ne doit pas le condamner à remettre ce qu'il a reçu, mais à le rapporter.

SECTION III.

Des juges qui ont droit de connoître de la restitution.

447. DANS la regle générale la demande en restitution doit être portée devant le Juge du domicile du défendeur en restitution. *L.* 16. §. *ult. de minor. & arrêt du* 10. *Mars* 1547.

448. Certains Auteurs ont prétendu que les Juges des Seigneurs ne peuvent connoître des lettres de restitution principales, mais des incidentes, sous prétexte que le Roi n'adresse jamais de lettres qu'à ses Juges.

Cependant cela n'a pas lieu dans la pratique. Le Roi maître d'adresser des lettres à qui lui plaît, rien n'empêche qu'il ne les adresse à un Juge de Seigneur, & s'il le fait, la demande en entérinement peut être valablement poursuivie devant le Juge du Seigneur quoique les lettres soient principales ; c'est ainsi que la question fut décidée par arrêt du Parlement de Paris de l'année 1761. confirmatif de la sentence du Juge de Pierre-Fort, qui avoit intériné

des

des lettres de rescision quoique principale,
& des moyens sur lequel on attaquoit les
lettres, étoit que ces lettres comme étant
principales, n'avoient pu être adressées au
Juge de Seigneur ; mais l'on n'y eut aucun
égard.

449. On demande, si l'on transige avec
un mineur ou autres étant en procès en
la Cour de Parlement, qu'ensuite l'on
veuille se pourvoir contre cette transaction par lettres, & reprendre l'instance,
devant quel Juge doit-on les adresser, est-
ce au Parlement où l'on ne connoît que des
instances en cause d'appel, ou devant les
premiers Juges ?

Les Auteurs ne sont pas bien d'accord
sur ce point, & la Jurisprudence a varié.
Ceux qui soutiennent qu'on ne peut s'a-
dresser au Parlement directement, opposent ; la transaction finit le procès ; la demande en restitution fait une nouvelle instance qu'on ne peut porter directement au
Parlement qui ne connoît que d'appels, il
faut donc que le Juge des lieux fasse droit
sur les lettres ; s'il entérine les lettres, alors
on va faire juger l'appel au Parlement, de
même qu'on le pouvoit avant la transaction ; si le Juge des lieux déboute de la

Q

demande en lettre, l'on a la voie de l'appel, mais il faut que la transaction soit emportée, & tant qu'elle subsiste, il n'y a plus de procès au Parlement, ainsi il n'y a pas de raison, ni de prétexte pour y faire juger les lettres.

Ceux qui soutiennent le parti contraire, opposent que les meilleurs Auteurs soutiennent que le Juge qui doit connoître du rescisoire, doit aussi connoître du rescindant ; *Cujas, Ferriere sur Guipape quest.* 123. *Despeisse*, & que si cela a lieu en général, à plus forte raison quand la transaction a été faite par un mineur, par la nécessité qu'il y a d'entrer en connoissance du mérite du fonds, attendu que le mineur n'est pas restitué comme mineur, mais en tant qu'il est lésé, & qu'il n'y a que les Juges qui doivent juger sur les appels qui soient en droit de connoître s'il y a ou non de lésion ; qu'ainsi si les lettres sont adressées au Parlement on ne doit pas les renvoyer devant les Juges des lieux, sur-tout dans les cas qu'il arrive que ces mêmes Juges avoient condamné le demandeur en lettre sur le fonds, & qu'on ne peut restituer le mineur sans juger le fonds, & il faudroit quelquefois dejuger pour le res-

tituer , ce qu'ils auroient déjà pro-
noncé.

On trouve deux arrêts du Parlement de
Toulouse qui ont jugé différemment cette
question , le premier est du premier Juillet
1730. par lequel le demandeur en lettres
fut renvoyé devant le premier Juge.

Le second est du 23. Décembre 1748.
rendu en la Grand'Chambre par lequel la
Cour retint la connoissance de la cause , &
appointa sur le tout.

Je crois ce dernier plus juridique, parce
qu'il n'y a que les Juges où le procès est
pendant , qui soient en droit de juger , &
les lettres doivent être entérinées.

CHAPITRE XIV.

S'il est dû de droits de lods du dé-
laissement qu'on fait des biens
immeubles pour le payement de
la Légitime, Dol ou Supplément.

450. L A légitime étant , comme nous
l'avons dit, une portion des biens
du défunt , qu'on peut obliger le légiti-

maire de prendre en fonds quand on n'a laiſſé que du fonds , il s'enſuit de-là que quoiqu'elle aie été fixée en deniers , néanmoins ſi on laiſſe du fonds en payement de la légitime , ſoit pour les intérêts , ou pour le principal au légitimaire , ſoit que celui-ci en faſſe vendre en juſtice pour ſe procurer ſon payement qu'il reclamoit en deniers , en conſéquence de la fixation ou traité qu'on pouvoit en avoir fait , s'il ſe rend lui-même adjudicataire, dans tous ces cas il n'eſt pas dû de droit de lods , comme il fut jugé en la Sénéchauſſée d'Auvergne en 1762.

451. On a encore affranchi du droit de lods le fonds donné en payement de la dot qu'on avoit promiſe de payer en deniers , *Bretonnier ſur Henris liv. 3. queſt.* 26. ſans qu'il ſoit néceſſaire, dit-il, de diſtinguer ſi la dot , ni celui à qui ſe fait le payement , ſoit au mari ou à la femme , aucuns lods ne ſont dûs, pourvu que ce ſoient des biens du pere ou de la mere que l'on a donné en payement. Cela a lieu même quoique le pere eut donné un domaine à la charge de payer quelques créances ; la fille ne doit aucuns lods, non pas même de ce qu'elle a payé de plus que ſa

dot aux créanciers. *Voyez l'arrêt rendu à la Grand'Chambre le 12. Mai. 1631. rapporté par Dufrêne liv. 2. chap. 96. & par Barret liv. 4. chap. 25. Voyez Brodeau sur l'art. 26. de la coutume de Paris, Papon en ses arrêts liv. 13. titre des droits Seigneuriaux n. 25. & 34. Voyez encore le Journal du Palais du Parlement de Toulouse du mois de Septembre 1740. pag. 240. Voyez aussi Pocquet de la Livoniere traité des fiefs liv. 3. chap. 5. sect. 2.* & la raison qu'il en donne que c'est comme si l'on eut d'abord donné l'héritage, & que c'est satisfaire au devoir naturel, & qu'il n'en résulte qu'un avancement d'hoirie, *Guyot des fiefs est du même sentiment, verset 3. chap. sect. 7. dist. 3. n. 9. Voyez encore M. de Juin. tom. dernier page. 240.*

Si cela a lieu dans le cas dont nous venons de parler, à plus forte raison quand ils donnent tous leurs biens à leurs enfans à la charge de payer les dettes, ou une certaine somme à leurs autres enfans.

452. Brodeau & Louet disent même que le fonds donné à un Monastere pour la dot d'une fille professe, ne doit aucun lods ; mais cela ne peut avoir lieu depuis

l'édit de 1749. concernant les gens de main-morte, qui leur fait défenses d'acquérir aucun fonds à la venir à moins d'en avoir obtenu la permiſſion.

453. Il n'eſt pas non plus dû de lods quoique le pere & la mere aient conſtitué la dot ou donné la légitime avec diſtinction de ce qu'on donne de chaque chef, quoiqu'il y en ait qu'un qui ſoit propriétaire du fonds qu'on donne en paye-ment. *Bretonnier ſur Henris tom. 2. liv. 3. queſt. 27.*

454. Le même Auteur agite enſuite la queſtion de ſavoir s'ils ſont dû de lods lorſqu'il y a pluſieurs années d'intérêts pour le fonds qu'on prend en payement pour ces intérêts, & il réſout contre, ce qui a été jugé par arrêt du Parlement de Touloufe du 23. Décembre 1698. rapporté par Catellan tom. 1. liv. 3. chap. 21. qu'il n'eſt point dû de lods pour ce qu'on donne pour les intérêts ; & la raiſon qu'il en donne eſt que l'acceſſoire ſe regle ſuivant la nature du principal, & qu'on ne ſépare point leurs qualités, que quoique les intérêts appartiennent au mari, néanmoins les héritages reſtent à la femme ; qu'ainſi il y auroit de l'injuſtice de l'obliger de payer les lods ; &

enfin que le Seigneur ne souffre rien, puisque si le pere l'avoit donné lors du mariage à condition même de payer les
dettes, les lods ne seroient pas dûs, & que
le Seigneur ne doit pas entrer dans tout ce
qui regarde les accommodemens des familles.

455. Les lods ne sont pas non plus dûs
des fonds estimés donnés au mari, à moins
qu'il ne les retienne après la dissolution du
mariage.

LES INSTITUTIONS AU DROIT DE LÉGITIME.

TROISIÉME PARTIE.

DANS cette troisieme Partie nous traiterons 1°. quelles sont les personnes qui ont droit de former la demande en payement de la légitime ou expédition d'icelle ; 2°. des formalités de l'exploit & procédures qu'on fait en conséquence ; 3°. du partage & licitation.

CHAPITRE XV.

§. I.

Des personnes qui ont droit de former la demande en payement de Légitime.

356. EN général cette action appartient au légitimaire, & c'est à sa requête qu'elle doit être intentée ; mais si ce légitimaire est encore pupille ou mineur, la demande peut valablement être intentée pour lui, 1°. par son pere comme tuteur & légitime administrateur, 2°. par le tuteur qu'on lui auroit nommé en justice, 3°. par le mineur lui-même, s'il n'a pas de tuteur assisté d'un curateur qu'il peut se choisir ; mais il faut qu'il ne soit question que d'une légitime en argent ; car s'il s'agissoit de la faire expédier en fonds, il faudroit faire un partage, & en ce cas le mineur ne peut le provoquer, comme nous le dirons au chap. 17. n. 514.

457. Le mari en sa qualité peut aussi la demander lorsqu'elle a été fixée en argent, par la raison que c'est alors une action

mobiliere , laquelle le mari a droit d'exercer en feul , pouvant la recevoir & en
fournir quittance.

458. Mais fi le mari veut exiger la légitime de fa femme en fonds , en ce cas ,
comme c'eft une action réelle , il n'a pas droit
en fa qualité de mari , il faut que la femme
agiffe autorifée de fon mari , par la raifon
que le mari ne pouvant aliéner le fonds
dotal de fa femme ni faire un partage , il
feroit contradictoire qu'il pût exercer les
actions concernant ce même fonds , &
faire faire un partage en juftice qu'il ne
pourroit faire amiablement. Voyez l'art.
233. de la coutume de Paris & les commentateurs fur cet article.

Par identité de raifon l'on juge qu'on
ne peut pas former la demande contre le
mari en feul pour demander une légitime en fonds qui feroit due fur les biens
de la femme , & que c'eft contre la femme qu'on doit fe pourvoir.

459. Obfervez que les femmes ne peuvent efter en jugement en matiere civile ,
foit en demandant , ou en défendant fans
l'autorifation de leur mari , ou par juftice
au refus du mari , art. 134. de la coutume de Paris.

Cependant Jousse en son commentaire sur l'ordonnance de 1667. page 15. dit que quand un exploit est donné à la requête de la femme & du mari conjointement, ou qu'ils se défendent tous deux, l'autorisation n'est pas nécessaire, & que ce n'est que dans les actes que se passent hors jugement.

Je ne crois pas que cela aie lieu dans la pratique ; on voit tous les jours faire le contraire, ou le mari autorise sa femme, ou l'on la fait autoriser en justice.

460. Le mari mineur peut-il autoriser sa femme majeure ? Le Prêtre & Gueret cent. 2. chap. 65. disent que le mari mineur peut autoriser sa femme pour contracter, mais non pour ester en jugement.

A l'égard du mari majeur & de la femme mineure, pour savoir si le mari la peut autoriser, on peut voir Ricard sur l'art. 223. de la coutume de Paris, où il dit qu'on ne peut pas douter que l'autorité du mari majeur pour autoriser sa femme mineure ne soit sans effet, l'autorité du mari n'étant que pour son intérêt particulier, & non pour rendre sa femme habile à contracter ou à ester en jugement, & de-là l'on a induit qu'il faut né-

Q vj

cellairement qu'il y ait un curateur de nommé à la femme mineure lorsqu'elle veut intenter & exercer ses actions réelles ; & par la disposition du droit , il faut que le curateur nommé soit un autre personne que le mari , *maritus enim , & si rebus uxoris suæ debeat affectionem , tamen curator ei creari non potest.* Loi. 2. *cod. qui dare tut.* & M. Louet *lettr.* M. *somm.* 1. rapporte un arrêt qui a enjoint de créer un curateur à une femme mineure autre que son mari.

§. II.

De la maniere d'intenter la demande en payement de légitime.

461. En général la demande en payement de légitime s'intente par un exploit que le légitimaire fait donner à l'héritier devant le Juge compétant , & il faut qu'il soit revêtu de toutes les formalités prescrites par les ajournemens dont nous allons traiter.

462. La demande se forme par un exploit, venons-nous de dire. Or , il n'y a que les huissiers & sergens qui aient droit d'en poser, parce que ce sont les seules per-

fonnes qui reçoivent pouvoir pour cela ; comme ce font des gens publics pour ce qui concerne leur miniftere, ces exploits font une pleine foi, on n'eft pas écouté à dire qui font faux ; il faut prendre la voie de l'infcription & prouver le faux. Jufqu'alors les exploits font foi , pourvu qu'on y ait obfervé les formalités prefcrites par les ordonnances.

463. Avant de traiter de ces formalités, nous parlerons fuccintement du pouvoir & droit des huiffiers & fergens.

464. Anciennement les charges des huiffiers ou fergens étoient plutôt de commiffions que de véritables offices ; mais enfuite ces charges furent créées à titre d'office.

Le Roi feul a le pouvoir de créer de fergens ou huiffiers dans fon Royaume ; fi les Seigneurs en nomment dans l'étendue de leurs juftices , ce n'eft qu'en vertu du pouvoir qu'ils ont reçu du Roi ou de la poffeffion immémoriale d'en nommer qui tient lieu de pouvoir ; ceux que le Roi nomme on les appelle huiffiers Royaux , ceux des Seigneurs font nommés huiffiers fubalternes.

465. Des huiffiers Royaux ; il y en

a qu'on nomme huiſſiers audienciers, dont les fonctions ſont d'être aſſidus aux Audiences, pour y recevoir les ordres des Juges, & y faire obſerver le ſilence ; ouvrir & fermer les portes de l'auditoire, & faire les ſignifications de Procureur à Procureur.

466. Les autres huiſſiers n'ont droit que de ſignifier des actes extrajudiciaires comme exploits, ajournemens, commandemens, ſommations, ſaiſies, exécutions, offres ; & les huiſſiers audienciers ont également ce droit. Il y en a même qui ont le pouvoir, par le titre de leur office, d'exploiter dans tout le Royaume, comme nous le dirons *infra* ; d'autres qui n'ont le pouvoir que dans l'étendue de la juſtice Royale où ils ſont huiſſiers ou ſergens ; la déclaration du premier Mars 1730. faite pour régler les fonctions des huiſſiers Royaux, porte : „ faiſons défenſes à tous huiſſiers & ſer- „ gens Royaux de faire ou donner aucun „ exploit d'ajournement, commandement „ ou ſaiſie, ni autres actes de leur miniſ- „ tere, hors l'étendue de la juriſdiction „ Royale où ils ſont huiſſiers & ſergens, „ par le titre de leur proviſion, à peine de „ 500 livres d'amende : il eſt cependant

,, ajouté, n'entendons comprendre les huif-
,, fiers de notre Châtelet de Paris ayant le
,, pouvoir d'exploiter dans tout le Royau-
,, me, ni les autres huiſſiers qui peuvent
,, avoir le même droit par le titre de leur
,, office.

467. Les huiſſiers exceptés par la déclaration ſont 1°. ceux du Châtelet ; 2°.
le premier huiſſier audiencier des ſieges
Royaux, élections & grenier à ſel ; 3°.
les huiſſiers des Cours ſupérieures ; 4°. les
huiſſiers audienciers des Préſidiaux, ceux
de la Connétablie & Table de marbre ; ceux
des Bureaux de finances, des requêtes de
l'hôtel & du bailliage du Palais.

468. Tout ce que les autres huiſſiers
font hors de la juſtice Royale où ils ſont
reçus, eſt nul aux termes de la déclaration,
de 1730. les contreventions à cette déclaration ont encore donné lieu à un arrêt
du 13. Décembre 1755. qui en a ordonné
l'exécution ; en conſéquence fait défenſes
à tous huiſſiers & ſergens Royaux, archers
& autres prétendant avoir pouvoir d'exploiter dans tout le Royaume réſidant actuellement à Paris, autres que ceux reſer-
vés par les édits & déclarations, de faire &

donner aucun exploit , ni autres actes de
de leur ministere hors l'étendue de la ju-
ridiction Royale où ils sont huissiers & sergens, dans laquelle ils ont été immatriculé ,
à peine de faux , nullité desdits actes , de
500 livres d'amende. On trouve des arrêts
qu'en se conformant à ces principes ont déclaré des exploits nuls.

469. Cependant dans les Provinces, comme les huissiers ne sont pas fort communs ,
par un usage établi sans raison, l'on autorise
les huissiers des Seigneurs à faire des assignations simples hors leur justice , pourvu
que ce soit dans le ressort d'où releve la justice de sa matricule , & que ce ne soit pas un
acte de rigueur.

§. III.

Des formalités des exploits.

470. Indépendamment du pouvoir que
l'huissier qui le signe dont nous venons de
parler , il faut encore que l'exploit contienne la date , le nom de l'huissier & sa
matricule , le nom & la demeure de celui
qui le fait poser ; constitution de Procureur ; qu'il soit posé à la personne ou au

domicile de l'assigné , qu'il soit contrôlé dans les trois jours , qu'il soit fait mention du Juge devant lequel l'on assigne du délai , & enfin qu'il soit libellé. Nous allons traiter de toutes ces formalités dans les articles suivans.

ARTICLE I.

De la Date.

471. IL est évident que l'exploit d'assignation doit contenir la date de l'année du jour & du mois qu'il a été fait, puisque l'assigné doit comparoir dans certains jours, ce qu'il ne pourroit savoir, si la date n'y étoit pas , ni le Juge ne pourroit pas non plus être instruit , si l'on a donné assez du délai pour prononcer une condamnation ; d'ailleurs si l'action étoit à la veille de prescrire , & que l'exploit n'eût pas de date , l'on ne pourroit savoir s'il a été fait avant la prescription accomplie ; aussi l'Auteur de l'explication de l'ordonnance de 1667. page 54. dit que si la partie assignée se trouve nantie d'une copie d'assignation sans date, nul doute qu'elle ne soit fondée à en demander la

nullité, quoique la date soit à l'original, parce que la copie doit tenir lieu d'original au défendeur, & il cite plusieurs arrêts du Parlement de Toulouse qui l'on ainsi jugé.

472. Cependant on trouve dans Dénisart, un arrêt, *verbo*, interruption, qui déclara un exploit valable, quoiqu'il n'y eut pas de date. Cet arrêt fut rendu à la Grand'Chambre le 30. Avril 1663. entre la Dame d'Orgeville & les créanciers de son mari. L'espece étoit que la Dame d'Orgeville avoit été assignée pour le payement d'une somme considérable dans un tems voisin de la prescription de l'action exercée contre elle ; l'original de l'exploit étoit en regle, mais la copie n'étoit pas datée. La Dame d'Orgeville éluda de défendre, & quand la prescription fut accomplie, elle demanda la nullité de l'exploit ; & cette nullité emportoit la déchéance de l'action. M. l'Avocat général de Saint Fargeau qui porta la parole, observa que les Cours pouvoient en pareille circonstance tendre une main secourable aux parties qui par le fait d'un huissier se trouveroient déchues d'une action légitime ; en conséquence l'arrêt confirma la sentence

des requêtes du Palais , qui avoit ordonné
que la Dame d'Orgeville défendroit au
fonds.

473.On trouve dans Papon liv. 7. tit.
4. art. 11. un arrêt du Parlement de Bourdeaux du 5. Octobre 1528. qui déclara valable un exploit donné sans jour marqué.
Despeisse & autres suivent son avis ; mais
ils observent qu'en pareil cas l'on ne doit
pas prendre la poste pour comparoir. Observez que ces derniers arrêts ne peuvent
être tirés à conséquence , parce que cela
est pour des cas particuliers.

474. Que doit-on décider , si l'exploit se
trouve daté d'un jour de Dimanche ou d'un
jour de Fête ? Dans la regle générale l'on
déclare de pareils exploits nuls , parce que
par les loix civiles , canoniques & la Jurisprudence des arrêts , il est défendu de
faire des actes judiciaires les jours de Dimanche & de Fêtes , comme tous autres ouvrages ; car ces jours doivent être employés à remplir le premier devoir de la
réligion. M. Pinault en son recueil d'arrêts du Parlement de Flandre rapporte un
arrêt rendu le 17. Juillet 1697. qui déclara nul un exploit fait un jour de Dimanche de même que la procédure faite
en conséquence.

475. Cependant si la chose requeroit célérité, comme si elle alloit prescrire, on le pourroit, en demandant permission au Juge de faire assigner, & cette permission est essentielle, suivant l'acte de notorieté du 5. Mai 1703. Voyez Jousse en son commentaire sur l'art. 2. du tit. 2. de l'ordonnance de 1667. Plusieurs arrêts ont même déclaré valable des exploits en retrait faits les jours de Dimanche ou de Fêtes avec permission, quoique tout y soit de rigueur, Poithier traité des retraits page 240. & 241.

476. Ce que nous venons de dire n'a pas lieu en matiere criminelle où l'on peut faire tous les jours indifféremment des exploits, ni dans les affaires des élections, puisque plusieurs réglemens portent que les assignations seront données en pareil cas le jour de Dimanche, ni aux exploits qu'on fait donner pour faire vendre les biens saisis réellement, puisque plusieurs assignations se donnent ce jour-là.

477. Au surplus par ces mots jour de Fête, où il n'est pas permis de faire aucuns exploits, il ne faut entendre que les Fêtes commandées par l'Eglise & non les Fêtes de Palais. Déclaration du 8. Avril 1681. qui fait défenses au Parlement de Toulou-

se de casser des exploits sous prétexte qu'ils auroient été faits de jours de Fête de Palais ; arrêt de 1748. cité par Poithier du rétrait.

478. Au reste les exploits ne peuvent être fait que de jour & non de nuit, c'est-à-dire entre les deux soleils, suivant une ancienne maxime tirée de la loi des douze tables, *sol occasus supremá tempestas esto*. Arrêt du 21. Mars 1576. rapporté par Tournel art. 19. de la coutume de Bretagne.

ARTICLE II.

De la mention qui doit être faite dans les exploits du nom de l'Huissier, de sa matricule & de son devoir.

479. IL n'y a, comme nous l'avons dit ailleurs, que les huissiers qui ont un pouvoir légitime qui puissent poser des exploits dans la jurisdiction où ils sont reçu, & afin qu'on puisse connoître s'il c'est un huissier qui aie droit ; l'art. 2. du tit 2. de l'ordonnance de 1667. exige que l'huissier fasse mention dans l'exploit de la jurisdiction où il est immatriculé,

& de-là l'on peut juger de son pouvoir, &
s'il avoit droit de poser l'exploit qu'il a
signé.

480. Les huissiers doivent encore faire
mention de leur demeure, du nom, qualité & demeure de la partie à la requête
de qui l'exploit fait ; art. 2. du tit. 2. de
l'ordonnance de 1667. Pour avoir omis
ces formalités par arrêt du conseil du 6.
Août 1668. rapporté au recueil des arrêts
rendus en interprétation de l'ordonnance
de 1667. un exploit d'assignation donné
au Parlement de Bourdeaux, & les procédures faites en conséquence furent cassées.

481. Ce domicile doit être un domicile actuel, & non un domicile élu,
suivant l'arrêt de réglement du 5. Septembre 1710. & un autre du 9. Janvier 1708.

482. Il faut encore que l'huissier y déclare le nom du Procureur qui a charge
d'occuper, suivant l'art. 16. du tit. 2. de
l'ordonnance de 1667. On trouve plusieurs
arrêts cités par l'Auteur qui a mis l'ordonnance de 1667. en pratique, qui ont
déclaré des exploits nuls, faute d'avoir cons-
titué dans iceux un Procureur. Voyez
la page 50. & suivante.

Il faut encore que l'exploit soit fait à

personne ou à domicile , & il doit y être fait mention de la personne à qui la copie aura été laissée, & cela afin d'empêcher une infinité d'abus que les huissiers pourroient commettre ; voyez sur cela la disposition de l'art. 3. du tit. 2. de l'ordonnance de 1667. & tout ce que les commentateurs en ont dit sur cet article , & il faut que ce soit le véritable domicile. Ainsi un exploit posé à un Fermier n'est pas valable, quand même il seroit donné à un Fermier des biens sur lesquels la légitime seroit due , voyez le commentaire de M. Jousse sur l'ordonnance de 1667.

Or , par véritable Domicile l'on entend la maison où une partie fait sa véritable habitation avec sa famille , soit que la maison soit à lui ou qu'il la loue , *domum accipere debemus hospitium , si in civitate maneat , quod si non sit , sed in villâ vel in municipio , illic ubi larem matrimonio collocarent. L. 1. §. 2. ff. de agnos.*

483. Quelques-uns entendent par le domicile de la journée non seulement le domicile véritable , mais encore celui qu'il a élu par le contrat pour raison duquel l'on l'assigne ; voyez Déricourt traité des

décrets chap. 6. n. 5. & Bacquet du droit de juftice. Sur les queftions qui peuvent fe préfenter fur cela , voyez Jouffe & autres commentateurs , fur l'ordonnance de 1667. Je penfe qu'en ce cas l'exploit donné au domicile élu eft valable.

484. Lorfque l'huiffier ne trouve perfonne dans le domicile , il doit fe faire affifter de deux voifins & attacher l'exploit à la porte , & s'il n'y a pas de voifin il doit le faire parapher par le Juge du lieu ; voyez l'art. 4. du tit. 2. de l'ordonnance de 1667.

A l'égard des perfonnes qui n'ont pas de domicile , ou qui font hors du Royaume , voyez ce que l'ordonnance de 1667. en dit.

Obfervez au furplus que les exploits doivent être contrôlés dans les trois jours.

ARTICLE III.

Des Juges devant lefquels l'on doit intenter la demande.

485. LA compétance , ou incompétance des Juges dépend fouventesfois de la nature de l'action. Il faut

faut donc commencer par parler des actions. Nous en diſtinguons de trois ſortes ; la perſonnelle , l'hypothécaire , & la mixte.

DISTINCTION I.

De l'Action Perſonnelle.

486. L'action perſonnelle eſt celle par laquelle nous agiſſons contre celui qui eſt obligé à nous donner quelque choſe, ou à la faire à notre avantage ; cette obligation provient de quatre cauſes qui ſont le contrat , le quaſi contrat , le délit ou quaſi délit. Or, parmi nous l'on entend par contrat ; toute convention faite entre deux ou pluſieurs perſonnes par laquelle l'on s'oblige réciproquement ſoit verbalement, ſoit par écrit ; par quaſi contrat l'on entend un fait par lequel deux ou pluſieurs ſe trouvent obligé l'un envers l'autre quoiqu'ils n'aient pas donné leur conſentement , comme ſi l'on a geré les affaires d'un abſent ſans aucun mandat, car cela produit une obligation tacite ; l'adminiſtration d'une tutelle , parce qu'elle produit une obligation mutuelle ; la communauté des biens ; l'acquiſition d'une héré-

R

dité , & le payement d'une chofe non due.

487. Par délit , on entend une offenfe faite volontairement qui nous oblige à des dommages & intérêts ; & par quafi délit , on entend un dommage qu'on a caufé à quelqu'un par fa faute , fans avoir eu la volonté de lui en faire qui nous oblige auffi à des dommages , intérêts.

En un mot l'on appelle action perfonnelle toutes celles qu'on peut nous obliger en notre nom. Exemple , un pere fait fon teftament & un legs à fes enfans pour leur légitime , l'héritier accepte le teftament ; en ce cas le légitimaire a une action perfonnelle contre l'héritier ; il en eft de même fi c'eft par donation qu'on ait difpofé des biens en fa faveur , elle eft auffi perfonnelle. Autre exemple , un pere donne à fa fille une dot confidérable , il devient enfuite pauvre,les autres enfans reviennent par retranchement , en ce cas l'action fera perfonnelle contre celui qui aura reçu la dot ou donation.

488. Dans la regle générale pour les actions qui font purement perfonnelles , les affignations en doivent être données par-devant le Juge du domicile du défendeur , fuivant cette maxime *actor fequitur forum rei.*

Si on le fait affigner ailleurs, le défendeur
eft en droit de demander fon renvoi devant
le Juge de fon domicile, & fi le demandeur
prétend le contraire, & que le défendeur
ait fon domicile dans le reffort du Juge
devant lequel il eft affigné, & que le défendeur foutienne le contraire, c'eft au demandeur à prouver comme le défendeur dépend
du Juge devant lequel il a été affigné.

489. Quand il y a deux défendeurs qui
font tenu conjointement de l'objet prétendu,
& qui ne reftent pas dans la même jurif-
diction ; mais qui fe trouvent demeurer
dans le même Bailliage ou Sénéchauffée,
il faut alors le faire affigner en la Sénéchauffée ou Bailliage.

S'ils reftent dans des Sénéchauffées ou
Bailliages différens, il faut en ce cas fe
pourvoir au Parlement pour fixer la Ju-
rifdiction où il faudroit plaider.

490. Excepté les cas dont nous venons
de parler, on ne peut faire affigner au
Bailliage ou Sénéchauffée directement au
préjudice des Juges des Seigneurs ; fi on le
fait, le Seigneur peut réclamer fon emphi-
téote ; mais à moins de cette réclamation,
celui qui eft affigné ne peut demander le
renvoi.

R ij

491. Lorsqu'on a comparu & défendu
devant un Juge , quoiqu'il ne fut pas
compétant pour en connoître , l'on ne peut
plus demander le renvoi , pourvu que le
Juge soit compétant quant à la matiere ,
mais cela n'empêche pas que le Seigneur
ou son Procureur d'office ne puissent réclamer.

492. Le principe que nous venons d'é-
tablir , que tout défendeur doit être assigné devant le Juge de son domicile , reçoit
les exceptions suivantes.

493. 1°. Les assignations en garantie
doivent être données en la jurisdiction où
la demande originaire est pendante , &
dans ce cas on ne peut demander le renvoi
par devant le Juge de son domicile , à
moins que ce ne soit un privilégié ; art. 8.
du tit. 8. de l'ordonnance de 1667.

494. 2°. Lorsqu'il est question d'une
reddition de compte de tutelle , ou de la
rescision d'une transaction faite sur le
compte , en ce cas c'est devant le Juge qui
avoit fait la tutelle qu'on doit se pourvoir.

3°. Si l'on est obligé par acte passé au
Châtelet , en ce cas il porte attribution de
jurisdiction.

DISTINCTION II.

De l'action réelle & hypothécaire.

494. L'action réelle & hypothécaire est celle par laquelle l'on agit contre celui qui n'est en aucune façon perſonnellement obligé envers nous , contre qui cependant nous formons une demande, pour raiſon de quelque choſe ſur laquelle nous préten-dons droit.

Cette action convient à la légitime , par exemple , dans le cas que l'héritier a vendu quelque héritage, & qu'on l'attaque en dé-claration d'hypothéque : elle doit alors être intentée devant le Juge d'où dépend l'hé-ritage.

395. On peut encore en pareil cas attaquer les tiers poſſeſſeurs pour aſſiſter au partage , & voir ordonner le déſiſte-ment , en cas que l'héritage rendu écheroit au légitimaire. Nous parlerons ailleurs de l'hypothéque de la légitime , nous y ren-voyons pour ne pas uſer de répétition.

DISTINCTION III.

Des actions mixtes.

496. L'action mixte eſt tout à la fois réelle & perſonnelle ; réelle , parce que nous

agiſſons comme propriétaire de la choſe que nous demandons ; perſonnelle, comme créanciers ſur les fruits qu'a produit cette choſe, & dont nous demandons la reſtitution à celui que nous attaquons.

Preſque toutes les demandes en payement de légitime ſont de cette nature, du moins lorſqu'on la demande en fonds ; la demande eſt réelle quant à l'expédition de fonds qu'on demande pour ſa légitime ; elle eſt perſonnelle quand à la reſtitution des jouiſſances. Auſſi tous les Auteurs diſent qu'en pareil cas l'action eſt mixte, on a droit de l'intenter ou devant le Juge où les héritages ſont ſitués, ou devant celui du défendeur ; le légitimaire a droit de choiſir.

Si les héritages étoient ſitués dans différentes juſtices, en ce cas il faudroit ſe pourvoir devant le Juge du domicile du défendeur.

497. Après avoir diſtingué les différentes natures d'actions, & avoir obſervé devant les Juges qu'on peut faire aſſigner, il faut encore remarquer que l'huiſſier doit faire mention devant quel Juge l'on aſſigne, & du délai pour comparoir. Les délais ſont fixés au tit. de l'ordonnance de 1667. ainſi nous y renvoyons.

ARTICLE IV.

Du libelle & conclusions de l'exploit.

498. LES ordonnances exigent que les exploits foient libellés, c'eſt-à-dire qu'on y explique briévement les objets de demande afin que le défendeur ſoit inſtruit, & qu'il vienne tout préparé pour la défenſe.

499. En fait de légitime, les concluſions qu'on prend ordinairement tendent ou au payement des ſommes à laquelle la légitime a été réglée, ou à ce que par experts il ſoit procédé au partage des biens des pere & mere pour en être expédié la portion qui doit revenir au légitimaire, ſuivant le partage qui en ſera fait par experts convenus ou pris d'office, & à rendre compte des jouiſſances depuis le jour que la légitime eſt due.

500. Dans les autres demandes, c'eſt au demandeur à produire ſes titres ; mais quand on reclame une légitime, comme l'héritier ſoit tenu de donner un état & conſiſtance du montant du patrimoine comme

nous l'avons observé à la fin du chapitre 3,
& comme l'ont jugé plusieurs arrêts du
Parlement de Toulouse rapporté par M. de
Juin.

Quand il n'y a pas eu un réglement de
fait , & qu'on la demande en fonds , ou
que le réglement soit fait en justice , les
Juges ordonnent que par experts il sera
expédié du fonds pour la légitime, & qu'ils
seront estimés pour la fixer. Nous allons
traiter au chapitre qui suit de quelle maniere les experts doivent procéder.

CHAPITRE XVI.

De la maniere de nommer les Experts, comme ils doivent procéder, & de leur rapport.

§. I.

*De la maniere que les experts doi-
vent être nommés,& qu'ils doivent procéder.*

501. L A sentence , Jugement, ou arrêt
qui ordonne un rapport d'ex-
perts doit contenir la maniere dont les ex-

perts doivent procéder, art. 8. du tit. 21.
de l'ordonnance de 1667. & les experts
doivent essentiellement s'attacher à remplir
les vues de la sentence ou arrêt qui les a
commis ; s'ils s'en écartent, leur rapport
doit être déclaré nul, comme il fut jugé au Parlement de Toulouse par arrêt
du 11. Septembre 1732. rapporté au
cinquieme tome du Journal de M. de Juin.

502. Par experts l'on entend des gens
qui ont une connoissance particuliere des
choses dont on demande leur opération.
S'il s'agit de division de patrimoine pour
expédier une légitime, il faut des gens ex-
périmentés dans cet art.

Il y a des experts en titre d'office créés
par un édit du mois de Mai 1690. pour
faire à l'exclusion des autres tant dans la
ville de Paris, que dans plusieurs villes du
royaume, toutes les visites, rapport des
ouvrages tant à l'amiable que par justice,
en vertu de sentence, jugement & arrêt, en
toute matiere, pour raison des partages &
licitations, &c.

Le même édit fait défenses aux parties
de convenir en justice pour experts d'autres
que des pourvus dudit office, & aux Juges

R v

d'en nommer d'office & d'avoir égard aux rapports fait par d'autres.

La difposition de cet édit n'eft pas toujours fuivie à la rigueur, & notamment dans les endroits où il n'y a des experts pourvus en titre d'office, dans ces endroits l'on fe fert des gens qui fe mêlent de l'arpentage.

502. S'il arrive qu'il y ait plus d'un légitimaire à reclamer leur droit, ils peuvent nommer un expert chacun ; mais en ce cas ces experts n'ont enfemble qu'une même voix. D'où il fuit que fi l'héritier pourfuit les légitimaires pour prendre leur portion, & qu'ils ne comparuffent pas, en ce cas il fuffiroit de nommer un feul expert pour eux.

Les parties ont la liberté de nommer un expert lorfqu'il s'agit de leur opération, & le Juge n'en peut nommer d'office qu'autant qu'une partie eft défaillante & qu'elle a été conftituée en demeure d'en nommer, or pour la conftituer en demeure, il faut la faire affigner à comparoir tel jour devant tel Juge pour nommer un expert,& fi elle n'en nomme pas, alors le Juge eft en droit d'en nommer un d'office; mais fi le

Juge faisoit la nomination d'office avant d'avoir conſtitué les parties intéreſſées en demeure, la nomination ſeroit nulle & le rapport caſſé.

Si le Juge nomme les experts d'office, il n'en peut nommer que deux, un pour chaque partie.

Si les experts ne ſont pas des Jurés, en ce cas ils doivent prêter ſerment avant de procéder à leur opération, & les parties intéreſſées doivent être aſſignées pour y être préſentes ; ſi l'on agiſſoit autrement le rapport qu'ils feroient ſeroit nul.

503. Dans le cas qu'une des parties auroit nommé un expert, & qu'il necomparoitroit pas à la premiere aſſignation, on doit lui en ordonner une ſeconde, & s'il ne compare pas à cette ſeconde aſſignation, le Juge peut alors en nommer un d'office à ſes frais. Voyez le tom. 5. du Journal de M. de Juin.

504. Après que les experts ont prêté leur ſerment, on doit leur remettre tous les titres néceſſaires en leur pouvoir, ils doivent viſer les actes lorſqu'on a ordonné qu'il en feroit mis en leurs mains ; s'il arrive qu'ils ſoient d'un ſentiment différent, ils doivent dreſſer chacun leur rapport ſéparément, &

R vj

enfuite le Juge nomme un tiers expert pour les départager, & lors de la vifite de ce tiers expert il doit être affifté de ceux qui ont déjà fait la premiere vifite ; art. 13. du tit. 21. de l'ord. de 1667.

Quand les experts font d'accord fur certains points & qu'ils ont été divifés d'opinion fur une certaine partie de leur miffion, en ce cas le tiers expert ne doit donner fon avis que fur les points fur lefquels les experts ont été divifés,& le tiers expert n'eft pas conftraint de fe ranger de l'avis de l'un ni de l'autre , mais il peut prendre un tiers avis;c'eft ce qu'on peut conclure de l'art. 13. tit. 21. de l'ordonnance de 1667. Baffet tom. 1. part. 2. liv. 2. tit. 16. dit qu'il a été jugé que quand les experts ne fe trouvent pas conformes dans leur rapport, il faut prendre le milieu. Voyez le Journal de M. de Juin tom. 3. pag. 106.

505. On ne peut ordonner de tiers expert que dans le cas que ceux qui ont précédemment procédé ont été contraires en avis ; car s'ils font d'accord & que leur rapport ne fourniffe pas un éclairciffement néceffaire,on n'ordonne pas un tiers expert, mais on ordonne un amendement de rapport ; & la raifon en eft que l'ordonnance

de 1667. art. 13. du tit. 21. n'autorife le
tiers expert que dans le cas que ceux qui
ont précédemment opéré font contraires
dans certains faits. Pour ordonner un
amendement, le Juge n'a pas le foin qu'on
le demande, il peut l'ordonner de fon chef,
s'il trouve que le premier rapport ne l'inf-
truife pas affez, c'eft l'opinion de Dupleffis.

Quoique les experts n'aient pas été partagés, fi une partie fe plaint, elle eft fondée
à demander un amendement à la charge
par elle d'en avancer les frais. Cela ne lui
eft jamais réfufé, parce que c'eft une demande qui ne tend qu'à procurer au Juge une
connoiffance plus étendue, mais cela ne dé-
cide rien, par la raifon qu'un rapport d'experts n'eft fait que pour éclairer la religion
du Juge & non pour gêner fa décifion.
Le Juge doit examiner le mérite du rapport,
(ou rapports) mais il peut s'en écarter lorfqu'il juge le devoir faire, à moins que
l'objet dont il s'agit ne fut abfolument
étranger à fes lumieres, comme lorfqu'il
s'agit d'expédier du fonds pour la légitime,
parce que la plûpart du tems il n'a jamais vu le fonds, il ne peut donc juger fi
les experts ont bien opéré, il doit alors fuivre
leurs avis ; mais s'il s'agit d'un fait dont le

Juge puiſſe décider par lui-même , ou que la queſtion tomberoit ſur un point de droit, il peut s'en écarter, parce que l'avis des experts n'eſt jamais conſidéré que comme avis ou mémoire ſujet à examen.

506. L'amendement de rapport a lieu , avons-nous dit , quoique le premier eut été bien fait, ſi la partie offre d'en avancer les frais; mais on appelle ordinairement les premiers experts. Voyez Auzanet ſur la coutume de Paris art. 184. qui dit que cela ſe fait tous les jours , mais qu'il faut laiſſer cela à l'office du Juge en connoiſſance de cauſe , & obliger la partie qui demande le nouveau rapport à en avancer les frais. Coquille queſt. 300. tient que l'uſage preſque général eſt admis & reçu , que l'une des parties puiſſe requérir l'amendement de rapport par nouvelle viſite aux dépens du réquérant.

507. On peut néanmoins recuſer les experts,& les mêmes moyens de recuſation ou reproche qui ont lieu contre les témoins, peuvent être également oppoſé contre les experts ; s'il arrive qu'on recuſe un expert, le commiſſaire qui eſt chargé de recevoir le ſerment , doit donner acte aux parties,& les renvoyer à l'Audience ou ſiege, pour y être fait droit ſur les moyens de re-

cufation ; car il n'y a que le fiege qui a rendu la fentence ou jugement , qui puiffe ftatuer & faire droit fur les moyens de recufation , & le commiffaire en feul n'a pas ce droit.

508. Que doit - on décider fi c'eft devant un Juge de Seigneur qui auroit luimême rendu en feul la fentence ? Je penfe que fur le dire du procès verbal, il peut juger des moyens de recufation ; cependant il eft plus prudent de renvoyer à l'Audience.

Lorfque la nomination fe fait pas défaut, il eft néceffaire de fignifier le tout au défaillant avec affignation pour voir prêter le ferment ; & enfuite indiquer le jour & heure que les experts doivent procéder. L'omiffion de ces formalités rendroit la procédure nulle ; arrêt du 13. Mars 1711. rendu au Parlement de Touloufe , qui caffa une procédure à caufe de ce défaut ; mais fi ce n'étoit qu'un tiers expert , en ce cas l'omiffion n'en opéreroit pas la nullité.

§. I I.

Des formalités du Rapport des Experts.

509. Suivant l'art. 185. de la coutume de Paris , les experts font tenus de faire & rediger par écrit, & figner la minute de

leur rapport fur les lieux , avant que d'en parler.

Par fentence rendue en forme de régle-ment au Châtelet de Paris entre les experts & les greffiers de l'écritoire le 13. Avril 1701. confirmée par arrêt du 26. Août 1710. en interprétation de l'art. déjà cité , il fut ordonné que non - feulement les minutes des rapports feroient redigées , mais même fignées fur les lieux où il auroient été faits , afin d'empêcher que les experts ne fuffent follicités au retour de leur commiffion à changer leur avis.

510. Mais hors la coutume de Paris quoiqu'il ne foit pas fait mention que le rapport a été figné avant de partir de fur les héritages pourvu qu'il ne foit pas dit qu'il a été figné ailleurs , cela ne rend pas le procès verbal de leur rapport nul , comme il a été jugé par arrêt du Parlement de Paris du 5. Septembre 1758. rendu pour la coutume de Senlis qui n'a pas de difpo-fition fur cela.

511. Quand un rapport d'experts eft dé-claré nul par le défaut de formalité , il faut en ce cas en faire un nouveau , comme s'il n'y avoit jamais eu , & nommer d'au-tres experts que ceux qui ont donné leur avis la premiere fois.

Obſervez au reſte que je ne crois pas qu'on doive s'en tenir à ce que dit l'Annotateur des loix du bâtiment, que quand il y a un tiers expert dénommé, il ne peut porter les héritages à moindre prix que n'a fait celui des experts qui a le moins eſtimé; ni à plus que celui qui les a porté le plus haut prix; parce que le tiers expert, comme nous l'avons déjà obſervé, n'eſt pas obligé de ſuivre l'avis ni de l'un ni de l'autre, il peut donner le ſien différemment.

512. Quant au frais des experts, la regle eſt qu'ils ſe payent par les parties, à proportion de ce que chacune prend à la choſe viſitée; mais celui qui donne lieu à la néceſſité de l'eſtimation, en doit avancer les frais. La Lende ſur l'art. 9. de la coutume d'Orléans.

Ceci mérite diſtinction, ſi l'enfant n'a rien reçu, en ce cas l'héritier doit fournir aux frais du partage, ou donner une proviſion; au lieu que quand l'enfant a reçu ſa légitime, & qui revient par ſupplément, il doit fournir aux frais, ſauf à repéter s'il y échet.

CHAPITRE XVII.

Du Partage & Licitation.

513.   QUOIQU'UN enfant soit reduit à la légitime, il a également droit de demander le partage, pour lui être expédié ce qui lui revient pour sa légitime de droit.

Un partage, suivant les principes du droit françois, n'est autre chose qu'un acte qui détermine la part indéterminée qu'avoit avant le partage chaque cohéritier dans la masse qui a été partagée aux seules choses qui tombent dans son lot.

Avant le partage chacun des copartageans a une portion de quotité dans la masse qui est à partager qui n'a rien de certain & de déterminé, par rapport à ce dont cette partie doit être composée : elle n'est déterminée que par le partage aux choses qui lui sont assignées ; elle est censée avoir été comprise de ces choses dès le commencement, & n'avoir jamais rien compris de ce qui est tombé dans les autres lots. Nous allons traiter 1º. qui a droit de demander

le partage , & ce qui en doit être diſtrait ;
2°. de la forme du partage , de la ſoulte &
garantie ; 3ͨ. du partage fait par les pere
& mere entre leurs enfans ; 4ͨ. de la licitation.

§. I.

Du droit de demander le partage.

514. En général tous ceux qui peuvent former la demande pour le payement de la légitime , ils peuvent auſſi
la demander par maniere de partage. Nous
avons parlé au chap. 15. de ceux qui
ont droit de former la demande en
payement de légitime , ainſi nous y
renvoyons.

Les principes que nous avons poſés ſouffrent
cependant une premiere exception, dans le
cas que celui qui reclameroit ſes droits ſeroit
mineur , parce que le mineur ne peut jamais prévoquer le partage pendant ſa mi-
norité , ſuivant les loix 7. *de reb. cor. qui*
ſub. tut. 17. *cod. præd.* & comme l'a aſſuré
M. Le Camus dans un mémoire qu'il fit en
1707. par ordre du Roi, & comme le déci-
de M. de la Moignon dans ſes arrêts ;

& la raifon en eft que la divifion eft une efpece d'aliénation qui eft interdite au mineur;
mais il peut demander le partage provifionnel de jouiffances ou le revenu de fa portion.

Cependant le majeur peut prévoquer le
partage contre le mineur. Le Brun liv. 4.
chap. 1. n. 24. mais il ne peut faire qu'un
partage provifionnel , parce que la moindre
léfion fuffit pour faire reftituer le mineur, &
ce partage ne prive pas même le mineur de
la reftitution des fruits qui peuvent lui être
dûs au de-là de ce qu'il jouit même du tems
qui s'eft écoulé pendant la majorité, fuivant
Le Brun *eodem.*

515. 1º. Lorfque le partage a été fait
en juftice avec les formalités prefcrites , &
qu'il a été précédé d'une eftimation d'immeubles réels faite dans la forme ordinaire,
le mineur ne peut pendant fa minorité fe
faire reftituer contre un pareil partage : il
faut qu'il attende fa majorité , à moins
que la léfion ne fut énorme; fi au contraire
le partage eft fait à l'amiable avec le tuteur
des mineurs , la minorité ne fait d'obftacle
à la reformation d'un pareil partage; arrêt
du 21. Mai 1762. & la plus légere léfion
fuffit pour le faire reftituer.

516. 2º. Le mari ne peut pas non plus

demander le partage d'un fonds dotal de sa femme non estimé, suivant la loi *ult. cod. de fundo dotali*. Mais le mari peut être valablement convenu pour partager le fonds dotal inestimé, & alors il peut faire le partage, suivant Despeisse part. 1. sect 4. du partage, & La Combe, *verbo*, partage.

517. Lorsque le partage est demandé, & que celui qui requiert la division a qualité pour cela, on ne peut le contester sous prétexte que la chose auroit été indivise pendant long-tems, parce que nul n'est obligé de rester toujours en société.

Nous avons dit ailleurs que la légitime se prescrivoit par 30. ans à compter du jour du décès de celui qui la doit. Il en est de même en fait de partage; car par 30. ans l'action se prescrit ; mais cela s'entend vis-à-vis de celui qui n'a jamais rien joui, & que ce sont ses cohéritiers qui ont possédé; mais quand l'un des enfans a joui indivisement, il peut toujours demander le partage, suivant Le Brun n. 84. Despeisse des contrats de société.

518. Plusieurs Auteurs ont prétendu que lorsque les copartageans ont joui divisement pendant dix ans, & que chacun d'eux a joui de ses revenus & payé les charges, le parta-

ge eſt préſumé, & qu'on ne peut plus le demander ; mais cette opinion eſt ſolidement refutée par Le Brun des ſucceſ. liv. 4. chap. 1. n. 2. où il fait voir qu'on a 30. ans pour demander le partage lorſqu'il n'a pas été fait, quoiqu'on ait joui diviſement, à moins que la jouiſſance ne fût ſoutenue de quelque projet de partage.

519. Lorſqu'on differe à l'enfant ſa légitime & le partage de ce qui lui revient, en ce cas on lui accorde ordinairement une proviſion pour les alimens & fournir aux frais du partage. Le Brun des ſucceſſions liv. 4. chap. 1. n. 19.

520. S'il y avoit pluſieurs légitimaires qui demandaſſent leur légitime, & qu'on éloignât par des chicanes, le Juge pourroit même permettre le ſequeſtre à l'exemple de ce qui ſe pratique dans le cas de partage. Voyez Papon en ſes arrêts liv. 15. tit. 7. art. 4. Deſpeiſſe eod. n. 9.

521. Un ſeul légitimaire ou héritier a droit de demander le partage, quoique les autres ne veuillent pas l'exiger ni partager, & ce qu'il en coûte ſe paie à proportion de ce qu'un chacun doit prendre dans la ſucceſſion, quoiqu'il n'y ait qu'un qui le requiere : Papon liv. 15. tit. 7. n. 3. & celui qui

avance les frais a droit de s'en faire rembourser même par préférence aux hypotheques de la veuve & des cohéritiers, suivant un arrêt du 31. Janvier 1692. rapporté par Augeard tom. 3. art. 19.

§. I I.

De la forme du Partage.

522. On peut faire le partage de trois manieres: la premiere, quand les héritiers conviennent entr'eux de la valeur des choses à partager , & des portions que chacun doit prendre , en ce cas ils peuvent entr'eux passer un acte comme ils ont réglé & convenu sur leurs différentes prétentions ; la seconde , ils peuvent encore de gré à gré nommer des arbitres ou experts , lesquels font en ce cas le partage; & la troisieme, lorsqu'on ne peut pas convenir, on le fait faire en justice, & le Juge commet ordinairement des experts pour y procéder. Les parties font libres de les nommer ou de les laisser nommer en justice.

L'Objet le plus essentiel en fait de partage, est que l'acte contienne égalité, parce que c'est-là l'ame du partage ; & lorsque cette égalité est blessée , on peut revenir contre pendant dix ans, comme nous l'avons dit dans la seconde Partie de ce Traité ; mais il faut qu'il y ait une lésion du tiers au quart, comme nous l'avons également observé.

523. Que doit-on décider dans le cas que le partage a été fait par forme de transaction? celui des copartageans qui se trouve lésé peut-il revenir par lésion du moment que les ordonnances disent que la restitution n'a pas lieu contre les transaction ? Certains Auteurs ont distingué les vraies transactions d'avec celles qui ne le font qu'en fiction, comme par exemple, lorsqu'il y a un procès entre les cohéritiers à raison du partage ou biens de la succession, ou quelqu'autre juste sujet d'en faire, & soutiennent qu'alors il n'y a pas de restitution, quelque lésion qu'il y ait dans la portion des copartageans; parce qu'en fait de transactions les majeurs ne peuvent pas être restitués pour quelque lésion de prix qu'il y ait.

Mais lorsqu'un acte de partage n'a pas été fait en conséquence d'un procès sérieux, quoique qualifié de transaction, l'acte n'étant que feint & simulé, cela n'empêche par la rescision pour cause de lésion du tiers au quart,

quart, parce qu’on ne doit regarder comme transaction qu’un acte qui a réellement éteint un procès sérieux. Voyez Charondas liv. 6. rep. 3. & Boniface tom. 2. liv. 1. tit. 13. chap. 3.

Les autres au contraire ont soutenu que les premiers actes passés entre copartageans, quoique fait par transaction est un véritable partage,& qu’on peut le faire rescinder par léfion du tiers au quart, comme il a été jugé par arrêt du 27. Février 1577. rapporté par l’Homeau & par Papon liv. 15. tit. 7. art. 7. & que l’on est dans le cas de l’ordonnance que quand l’on transige sur une instance de lettres de rescifion obtenue contre un premier partage qui avoit été fait, & que c’est alors qu’on est dans l’espece de l’ordonnance de 1560. appellée l’ordonnance de transations & par conféquent la reftitution contre un pareil acte n’a pas lieu, quand même il y auroit une léfion d’outre moitié, parce qu’en ce cas l’on n’y est pas demeuré aux termes de fimple;mais l’on a fait un nouveau titre aux copartageans. C’est le fentiment de Le Brun du partage n. 55. & il ajoute que si après un procès de partage tout inftruit l’on transige, en ce cas il eftime que la transa-

S

tion eſt un ſimple partage contre lequel on peut ſe pourvoir ; car continue t-il, l'on ne fait de partage ſans mémoire & ſans inſtructions , & il n'importe pas que la diſcution ſe faſſe par un procès ou par quelqu'autre maniere , & l'acte qui finit cette diſcution eſt toujours un véritable partage, quelque nom qu'on lui donne , & ſujet à reſciſion par léſion du tiers au quart avec d'autant plus de raiſon que la faveur de l'égalité détruit l'induction qu'on voudroit tirer en ce cas d'une dénomination & d'une forme plus avantageuſe qu'on a voulu donner à la choſe, & obligé de conſidérer la nature plutôt que la forme extérieure du contrat, tellement que l'ordonnance des tranſactions n'a lieu en ces matieres que lorſqu'il y avoit un partage de fait , & que l'une des parties s'eſt pourvue par des lettres ; auquel cas la choſe étant bien ſérieuſe, l'accord & tranſaction que les parties font , paſſe pour une véritable tranſaction & non pour un ſimple partage , & ne peut recevoir alors d'atteinte par léſion du tiers au quart , ni même, ſi l'on s'attache à l'ordonnance, pour léſion d'outre moitié du juſte prix, ce qui n'exclut pas néanmoins la reſtitution pour léſion énorme.

524. Nous avons traité au chap. 13. fi l'on peut fe pourvoir par léfion lorfqu'au lieu de faire un partage, l'on a fait une vente de la portion héréditaire. Voyez ce que nous en avons dit à cet égard.

Nous avons encore parlé ailleurs de ce que les enfans doivent rapporter lorfqu'ils demandent une légitime, & de ce qui doit entrer dans la compofition du patrimoine. Tout ce que nous avons dit reçoit ici application, ainfi nous y renvoyons. Nous obferverons feulement que lorfque l'héritier a payé des dettes ; & qu'on lui demande compte des jouiffances, en ce cas toutes les dettes doivent produire des intérêts en fa faveur par forme de prélevement au partage ; quand même il y auroit des intérêts payés, lefquels doivent encore en produirent du tems que l'héritiers rend compte des jouiffances, & c'eft fur le pied dont on lui fait rendre compte; par exemple on l'oblige à payer la jouiffance fur le pied de fix deniers pour livre, les intérêts doivent auffi lui produire d'autres intérêts fur le même pied, & l'on n'eft pas fondé à lui oppofer que les intérêts ne doivent jamais produire des intérêts, par la raifon qu'il n'y a de fucceffion qu'après les dettes payées, & fi on l'oblige à rendre compte des jouissances, qu'on lui paye les intérêts de tout ce qu'il avoit donné.

525. Quand le partage se fait en justice, le Juge commet ordinairement, avons-nous dit, des experts; quelquefois aussi on commet un Notaire pour procéder au partage, sur quoi nous remarquerons que par arrêt du Parlement de Paris du 17. Juillet 1691. il fut jugé 1°. que quand le Juge renvoie les parties pour faire un partage devant Notaire, il doit nommer le Notaire, & ne pas dire pardevant Notaire indifféramment.

2°. Que le Notaire pardevant lequel le renvoi est fait, ne peut pas nommer des experts d'office, ni leur faire prêter serment pour procéder au partage, parce que les Notaires n'ont pas de Jurisdiction contentieuse.

526. Au chapitre 7. n. 142. nous avons traité de quelle maniere la légitime doit être fournie dans le cas qu'il y a des biens dans différentes coutumes, & pour ne pas user de répétitions, nous y renvoyons.

527. Pour qu'un partage soit regulier, il doit contenir un état circonstancié des objets qui sont à partager, de leur valeur

& des charges qu'il faut prélever ou qui doivent être partagées ; & ensuite chaque lot doit contenir en détail les objets dont il est composé, & l'on doit faire un lot pour chaque copartageant.

528. Si l'on demande le partage en justice contre un absent, il peut être représenté par le Procureur du Roi du Juge, ou par le Procureur d'office, lorsque le partage est demandé devant des justices des seigneurs ; mais dans le cas d'un partage volontaire, ni l'un ni l'autre de ces officiers ne peuvent représenter des absens ; parce que l'absent n'est jamais présumé vouloir partager de cette maniere.

Les créanciers hypothécaires de chaque légitimaire ont droit d'intervenir dans le partage, & d'empêcher qu'on ne donne à leur débiteur plus de mobiliaire qu'il ne doit lui en revenir : mais le seul plus ancien Procureur des créanciers a droit d'être présent aux opérations du partage, & lorsqu'il est une fois fait en présence des créanciers, ou en leur absence, s'ils ne sont pas présens, leur hypotheque se réfere sur le lot de leur débiteur.

529. Il y a des coutumes comme Anjou, que l'aîné fait les lots, & le cadet choisit,

& par ce moyen l'aîné se trouve engagé à garder l'égalité.

En pays de droit Ecrit ou dans les autres coutumes, l'usage est de les tirer au sort, & les cadets ne peuvent pas choisir.

530. Les papiers & titres doivent rester entre les mains de l'héritier, & desquels il doit cependant aider les légitimaires quand ils en ont besoin.

On ne doit pas, comme nous avons dit ailleurs, donner de chaque pièce, parce que les biens ne peuvent être morcelés ; mais l'on doit expédier des pièces de proche en proche le tout pour la plus grande commodité des copartageans, Le Brun n. 43.

Si l'aîné a vendu certaines pièces l'on doit faire ensorte, lors du partage, qu'elles échoient à son lot, pour empêcher la garantie, & dommages intérêts que l'acquéreur pourroit demander. Et cela doit avoir lieu quand même il auroit vendu du meilleur fonds, pourvû qu'il ait agi de bonne foi, & non dans l'intention de frustrer les autres cohéritiers, & les tiers acquéreurs doivent être appellés pour y assister, afin qu'ils ne puissent pas dire qu'il y a de la fraude.

531. Une famille ne peut se faire des

loix pour convenir qu'on ne pourra jamais partager. Le Brun nom. 18. mais on ne peut le faire pour certains tems.

532. Quand il y a un mineur qui eſt partie dans un partage, & qu'il revient enſuite contre, ſa reſtitution profite aux majeurs, & il les releve, par la raiſon qu'un partage ne peut pas être bon pour certains & nul pour les autres. Voyez Le Brun qui développe & modifie cette maxime.

Cependant ſi l'on fait un partage avec un mineur, même proviſionnellement, s'il n'eſt pas dit que le majeur pourra revenir contre, de même que le mineur, il ne le pourroit, ſi le mineur vouloit s'en tenir au partage. Le Brun n. 23.

Obſervez au ſurplus que quand il s'agit de faire un partage de biens nobles en juſtice, c'eſt devant les Baillifs & Sénéchaux que l'action doit être portée, quoiqu'il s'agiſſe d'un fond roturier. Edit de Cremieu de 1536. art. 7. & quand les biens ſont en différens reſſorts il faut obtenir des lettres pour en adreſſer la connoiſſance où la majeure partie des biens ſont ſitués. Cependant Banage ſur la coutume de Normandie page 44. coll. 2. dit qu'il eſt plus dans les regles d'attribuer la connoiſſance de l'action en partage au Juge du lieu , ou celui de qui on doit partager est décedé ; on le renvoie quelquefois aux proches parens ou arbitres. Ordonnance de Moulins art. 83. arrêt de réglement du 19. Février 1626. rapporté au Journal des Audiences.

§. III.

De la garantie des Lots.

533. De même que la garantie est due de plein droit dans les partages que se font par portions égales , de même elle est due dans le cas du partage fait avec les légitimaires. Le Brun, partage n. 67. & l'on n'a pas besoin de le stipuler , elle est due de droit , & la raison sur laquelle est fondée la garantie, est que l'égalité doit régner dans les partages , & quand une des parties se trouve évincée de quelque chose qui lui a été donnée , la loi qui exige l'égalité , oblige chacun des copartageans à la rétablir à proportion de ce que chacun prend dans les biens qu'on partage. L'héritier, par exemple , doit y contribuer pour la moitié, ou pour plus , s'il a pris dans le partage. Si cette garantie n'avoit pas lieu , il arriveroit

que l'enfant légitimaire pourroit être privé de la légitime s'il venoit à être évincé; & comme les évictions diminuent le patrimoine, il est juste qu'elles diminuent les légitimes.

S'il arrive qu'il échoie une rente à un légitimaire pour sa légitime , les autres lots sont garands de l'insolvabilité qui survient même cent ans après , pourvu qu'il n'aie pas laissé prescrire les hypotheques de cette rente , ou en la laissant purger par des décrets auxquels l'on ne se seroit pas opposé. Cela n'a pas cependant lieu lorsqu'on a donné la rente comme peu solvable , ou avec la condition qu'on ne seroit pas garand ; toutes ces conditions peuvent être inserées dans un partage , & l'on peut y mettre ces conditions , & elles ont lieu.

534. Une fille à qui on auroit donné certaines rentes ou du fonds en la mariant, & que moyennant cela elle auroit renoncé , si elle en est évincée , elle peut demander la garantie. Il en est de même de toute autre donnée pour le payement de la légitime. *Le Brun. n. 68.*

S'il arrive que la prescription eut commencé contre le parent qui devoit la légitime , & que lors du partage il y eut moins d'un an pour s'accomplir,en ce cas il y a lieu à la garantie , suivant Le Brun n. 70.

Quand le légitimaire a connoissance qu'il sera évincé de la chose qu'il prend , en ce cas la garantie n'a pas lieu , parce qu'on présume qu'on y a eu égard dans la composition des lots , & quand cela ne seroit pas , il devroit s'imputer sa faute , ainsi il n'y a pas de garantie à cet égard ; mais il peut y avoir restitution pour lésion du tiers au quart, laquelle s'estime eu égard au tems du partage , comme le prouve d'Argentré sur la coutume de Bretagne *tit. 7. de Garant. art.* 149. *Voyez Le Brun. n.* 74.

La garantie n'a pas lieu non plus s'il arrive que la chose qu'on a donnée devienne à déperir par sa nature ; comme par exemple , si l'on avoit donné du vin pour la légitime,& qu'il se soit corrompu peu après le partage , en ce cas il ne peut prétendre aucune garantie , il ne peut pas même se pourvoir pour cause de restitution , suivant *Le Brun. n.* 75.

535. L'obligation que contractent les copartageans de se garantir réciproquement les choses qui tombent dans leurs lots , est différente de celle qu'un vendeur contracte envers l'acheteur , & tous autres cé-

dans envers le ceffionnaire; & la différence
fe tire de ce que le vendeur ou cédant , à
titre onéreux , eft tenu envers l'acheteur
en cas d'éviction non feulement à la reftitution du prix , mais à tous les dommages
intérêts que l'acheteur fouffre à caufe de
l'éviction ; au contraire lorfqu'un cohéritier ou autre copartageant a fouffert éviction d'une chofe tombée en fon lot , fes
copartageans font feulement tenus de lui
faire raifon de la fomme pour laquelle
cette chofe lui a été donnée en partage , laquelle raifon ils font tenus de lui faire
chacun pour leur part, la fienne demeu-
rant confufe ; mais ils ne font pas tenus des
dommages intérêts réfultant de l'éviction
par rapport à l'augmentation furvenue
depuis le partage en la chofe évincée ; comme l'enfeigne Dumoulin en fon traité *de
eo quod intereft n.* 143. *& feq. Voyez le
traité du contrat de vente n.* 632. *&
fuivans.*

<h2 style="text-align:center">§. IV.</h2>

*Du partage fait par les pere & mere ,
entre leurs enfans.*

536. Dans le pays de droit écrit les
pere & mere peuvent partager leurs biens

entre leurs enfans. Ces partages font auto-
rifés par la loi *quoties* 10. *col. de famil.*
ercifcund. & par la novell. 18. *chap.* 7. *&*
107. chap. 3. *& par l'art.* 17. *de l'ordon-*
nance de 1735. qui porte que les actes de
partage faits entre enfans & defcendans
pour avoir lieu après la mort de ceux qui
le font dans le pays où ces actes font en
ufage, ne feront valables, s'ils ne font re-
vêtus d'une des formalités portées par les
deux articles précédans, & feront en outre
obfervé les autres formalités prefcrites par
les loix, coutumes ou ftatuts qui autori-
fent lefdits actes.

Les formalités que l'ordonnance veut
être obfervées confiftent en ce qu'il faut
que l'acte foit entiérement écrit, daté, figné
de la main du teftateur ; art. 16. de la
même ordonnance, ou qu'il foit fait en
préfence de deux Notaires, ou en préfence
d'un Notaire & deux témoins ; art. 15.
& un acte de partage qui ne feroit pas
revêtu d'une de ces formalités feroit nul &
de nul effet, quelque favorables que foient
les difpofitions que font les parens en faveur de leurs enfans ; & la raifon en eft
qu'on ne doit faire valoir de difpofition
qu'autant qu'elles portent le caractere

d'une volonté bien concertée, & la loi la préſume telle, ſi on y a obſervé les formalités qu'elle preſcrit.

537. Si c'eſt en pays de coutume qu'on fait cette diſpoſition, outre les formalités preſcrites par l'ordonnance de 1735. il faut encore obſerver les diſpoſitions que les coutumes peuvent preſcrire pour leur validité.

Ces actes doivent être faits dans la forme des teſtamens, & l'on doit y obſerver les mêmes formalités, excepté pour le nombre de témoins ; ſuivant Serres en ſon explication de l'ordonnance de 1735. art. 15.

Ces actes ne ſont donc autre choſe que de teſtamens avec un moindre nombre de témoins, & ils peuvent par conſéquent être revoqués de même que les teſtamens, excepté dans le cas que le partage auroit été fait par contrat de mariage , alors il ſeroit irrévocable.

538. La garantie de pareils partages a également lieu comme dans les autres partages , les principes que nous avons poſé à cet égard ont également application dans le cas des partages dont nous traitons.

On a droit de se pourvoir contre par lé-sion ; mais pour qu'elle aie lieu , il faut que l'enfant qui se plaint n'aie pas eu toute sa légitime ; car s'il l'avoit eue, quoi-que les autres en eussent plus , il ne seroit pas fondé à se pourvoir.

539. On demande si les enfans doivent être institués pour la validité du partage ? Je pense qu'ils doivent l'être , cet acte est regardé comme testament, & est sujet aux mêmes formalités , excepté pour le nombre des témoins. D'où je conclus que toutes les autres formalités prescrites par les testaments doivent essentiellement être observées.

Cette maniere de disposer n'a lieu qu'en-tre les descendans , si c'étoit en faveur de quelque étranger,la disposition seroit nulle, à moins qu'on n'y eut employé le nombre suffisant des témoins nécessaires dans un testament.

§. V.

De la Licitation.

540. Par licitation , l'on entend un acte par lequel des cohéritiers ou autres copro-priétaires par indivis d'une chose , la met-

tent entr'eux à l'enchere pour être adjugée & appartenir en entier au plus offrant & dernier enchériffeur, à la charge par lui de payer chacun des copropriétaires, une part dans le prix pareille à la part indivife que chacun des copartageans avoit dans l'héritage licité.

La licitation s'ordonne lorfqu'un héritage ou fucceffion ne peut fe partager.

L'on peut liciter à l'amiable, ou en rigueur en juftice.

Les licitations qu'on fait de gré à gré fe font pardevant Notaire, & l'on n'y reçoit pas les étrangers à enchérir, à moins que les copartageans n'en conviennent, foit parce que l'un d'eux n'eft pas en état d'enchérir, foit qu'ils le jugent ainfi à propos par d'autres raifons.

Quand aux licitations qui fe font à la rigueur, & qui font pourfuivie pardevant le Juge, & toutes perfonnes font reçues à enchérir; pour cet effet celui des copartageans qui veut prévoquer la licitation, fait affigner les autres, à l'effet de voir ordonner que tel immeuble ne pouvant fe partager fera vendu au plus offrant & dernier enchériffeur pour être les deniers provenant de la vente diftribués entre les parties, & que pour rendre la vente plus publique, publications soient faites, affiches soient mises & apposées aux lieux & endroits accoutumés.

, 41. Si les défendeurs soutiennent, ou l'un d'eux, que l'immeuble est de nature à pouvoir être partagé, le Juge ordonne que les lieux seront vus & visités par experts pour être sur leur rapport ordonné ce que de raison, & les experts ayant fait leur visite, s'ils estiment que l'héritage peut commodement se partager, on ordonne le partage : au contraire si les experts estiment que l'héritage ne peut être partagé, le demandeur conclut à ce qu'il soit procédé à la vente & adjudication du total par licitation, & l'on obtient sentence qui ordonne, que l'héritage sera licité, en conséquence l'on fait faire trois publications & apposer des affiches aux lieux & endroits accoutumés, l'on en dresse procès verbal qu'on fait signifier.

Il faut aussi que celui qui poursuit fasse une enchere & mise à prix contenant la déclaration de l'héritage licité, & les clauses & conditions sous lesquelles l'adjudication doit être faite, on met cette enchere ou mise à prix entre les mains du Greffier

de

de l'Audience des criées qui paraphe, &
la donne à un huissier audiencier qui la
publie.

On reçoit ensuite les encheres de tous
ceux qui veulent enchérir, & après deux
remises de quinze en quinzaine, l'on fait
l'adjudication au plus offrant & dernier
enchérisseur, & les deniers qui provien-
nent de la vente se partagent entre les copropriétaires, eu égard à la portion que
chacun y a.

Quoique cette vente se fasse en Justice,
néanmoins elle ne purge pas les hypotheque dont les biens licités sont affectés, parce
que ces sortes de poursuite n'ont pas la
même publicité que les décrets.

542. La demande en licitation est réelle,
parce qu'elle a pour objet unique l'héritage
ou l'immeuble indivis & indivisible; cependant dans la pratique on la considere sou-
vent comme mixte. *Le Prêtre cent.* 2.
chap. 37.

On porte l'action en licitation ordinairement devant le Juge de la situation de
l'héritage, à moins qu'il n'y aie que deux
copropriétaires; en ce cas, on peut la porter
devant le Juge du domicile, du défen-

deur ; ceux qui ont droit de *committimus* peuvent évoquer cette action.

543. La licitation faite entre légitimaire & héritier ne donne pas droit aux lots & vente , soit que la licitation se fasse devant Notaire ou en justice , parce qu'elle est reputée partage ; & si un des enfans se rend adjudicataire , il est censé avoir originairement recueilli seul la totalité de l'héritage. Ce qui a encore lieu entre les colégataires, codonataires & coassociés , en un mot tous les coacquéreurs se trouvent en une entiere conformité. Voyez Dénifart , *verbo* , lods pag. 67. & les Auteurs qu'il cite.

F I N.

TABLE

DES CHAPITRES.

TABLE.

Fin de la Table des Chapitres.

9 782329 302560